بسم الله الرحمن الرحيم

سلسلة الأمل

تأليف المركز الدولي للتكوين التربوي

المستوى

3

B1

COMMON EUROPEAN FRAMEWORK OF REFERENCE FOR LANGUAGES

القراءة والتعبير

دروس وتمارين

granada EDITIONS

غرناطة للنشر والخدمات التربوية

الطبعة السادسة
١٤٣٧ - 1437 هـ / ٢٠١٦ - 2016 م
دار غرناطة للنشر والخدمات التربوية
جميع حقوق الطبع والنشر محفوظة

Sixième Édition
Copyright © Éditions GRANADA – Mars 2016
ISBN : 978-2-37465-014-2
Tél. : + 33 (0) 1 41 22 38 00
www.alafaq-distribution.fr

كلمة معالي الدكتور
عبد العزيز بن عثمان التويجري المدير العام للإيسيسكو

بسم الله الرحمن الرحيم

Organisation Islamique
pour l'Education, les Sciences et la Culture
ISESCO

Directeur général

المدير العام

Islamic Educational, Scientific
and Cultural Organization
ISESCO

Director General

تقديم

تُعنَى المنظمة الإسلامية للتربية والعلوم والثقافة ـ إيسيسكو ـ عناية كبيرة بتوفير الوسائل كافة لتنشئة الأجيال الصاعدة من أبناء الجماعات والمجتمعات الإسلامية في المهجر، تنشئةً تربويةً متوازنةً ومتكاملة، تنطلق من تعلّمها اللغة العربية وتشرّبها روح التربية الإسلامية، من أجل تعزيز معرفتها بثقافتها وتقوية انتمائها إلى الأمة الإسلامية.

ولا تدخر المنظمة الإسلامية للتربية والعلوم والثقافة وسعاً لتحقيق هذا الهدف النبيل، وقد عقدت أخيراً اتفاقية للتعاون مع مؤسسة غرناطة للنشر والخدمات التربوية، التي يوجد مقرها في العاصمة الفرنسية باريس والمتخصصة في نشر الكتاب المدرسي، تقضي بدعم السلسلتين التعليميتين المتميّزتين : **(الأمل)** و**(العربية الميسَّرة)** اللتين تصدران عن هذه المؤسسة.

وفي هذا الإطار، تصدر المنظمة الإسلامية للتربية والعلوم والثقافة ومؤسسة غرناطة للنشر والخدمات التربوية، هذا الكتابَ التعليميَّ الموجَّه للأطفال المسلمين المقيمين في الغرب والراغبين في تعلّم اللغة العربية من خلال المنهج التدريسي الحديث، وبالأسلوب التعليمي الميسر، وبهذا الإخراج الفني الجميل الذي يجمع بين رونق الشكل وجماله، وبين أصالة المضمون وكماله، وبالطريقة التي تقرّب المعرفة اللغوية الميسَّرة إلى النشء المسلم، على نحو يذكي في قلبه حبَّ لغة الضاد، وينمّي في نفسه مشاعر الولاء لدينه ولتراثه ولثقافته ولأمته.

فاللّه نسأل أن ينفع أجيالنا الجديدة في بلاد المهجر بهذا الكتاب التربوي التعليمي المشوّق. وهو سبحانه الموفق والهادي إلى سواء السبيل.

الدكتور عبد العزيز بن عثمان التويجري

المدير العام للمنظمة الإسلامية للتربية والعلوم والثقافة
ـ إيسيسكو ـ

Avenue des F. A. R. - Hay Ryad - Rabat - Royaume du Maroc - B. P. 2275 - C. P. 10104 شارع الجيش الملكي ـ حي الرياض ـ الرباط ـ المملكة المغربية ـ ص. ب. 2275 ـ ر. ب.
الهاتف : Fax : +212 (0) 37.56.60.12 / 13 : فاكس - Tél. : +212 (0) 37.56.60.52 / 53
Website : www.isesco.org.ma : الموقع - webmaster : isesco@isesco.org.ma : البريد الإلكتروني

بسم الله الرّحمـٰن الرّحيـم

مقدّمة لـجنة التّأليف

بفضل من الله تعالى ظهر كتاب المستوى الثالث من سلسلة الأمل، جامعا بين دروس القراءة والتّعبير، و التدريبات في مختلف مواد اللغة، و يمكن أن نجمل أهداف الكتاب في ما يلي :

1. أن يكتسب المتعلم القدرة على القراءة الصحيحة والمسترسلة، مع إحترم مواطن الترقيم في الجملة.

2. أن يواصل تنمية زاده اللغوي مما يسهل عليه فهم المعاني وييسر له طرق الإجابة عن أسئلة النص.

3. أن يعبر شفوياً وكتابياً عن مواقف حية أو مجسدة في صور، مستعملاً الصيغ والتراكيب المناسبة .

4. أن يتعرف إلى بعض القواعد الأولية في اللغة: نحوها وتصريفها ورسمها ويتدريب على استعمالها في المحادثة والكتابة.

5. أن يتعرّف إلى جملة من القيم الأخلاقية والاجتماعية والجماليّة انطلاقا من نصوص الكتاب.

ولقد حرصنا في الكتاب على أن نتدرّج بأبنائنا في تعليمهم اللغة العربية، عبر محتوى يربطهم بثقافتهم وجذورهم العربية الإسلامية، وينفتح بهم في الوقت ذاته على واقعهم المعيش، فينمي زادهم اللغوي ويأخذ بأيديهم إلى حذق آليات القراءة، وآمتلاك اللغة والقدرة على استعمالها والتصرّف فيها بما يناسب أعمارهم ومستواهم الذهني.

وحتّى يكون هذا الكتاب، مرغِّبا حقّا، تشتهيه أنفس الناشئة وتُقبل عليه أذهانهم في هذا العصر الذي ما آنفكّت تتنوّع وسائط المعرفة فيه وتتكاثر وسائل الإعلام المسموعة والمرئيّة والرّقميّة، مضيّقةً بذلك من مساحة الكتاب المدرسي في شكله الكلاسيكي، كان لزاما أن نرفده بوسائط أخرى حيّة، مشوّقة، وعصريّة، تعيد إليه منزلته الأولى.

فكان أن حوّلنا مادّته الورقيّة مادّة رقميّة، ووضعنا له قرصا مضغوطا (DVD) يستعيد ما فيه من معارف وأنشطة مع إعادة إخراجها، بما يضمن خفّتها وطرافتها أوّلا، وتنوّع المداخل إليها، ويضمن حسن قبول المتعلّم لها، وسرعة استجابته إليها، ويُسر تعامله معها، سواء في الفصل ـ ساعة الدّرس ـ أو في المنزل بعده، وسواء بعون المعلّم أو بغيره... فإنّ قصد هذا الوسيط الرّقميّ أن يوسّع من دائرة استقلال الطالب ويمهّد له سبل التّعلّم الذّاتي.

وإيمانا من بأن المشرف على العملية التربوية هو الأدرى بمستوى من بعهدته من المتعلمين، فإننا نعول على كفاءته وقدرته على تكييف درسه بما يقتضيه مستواهم وتذليل الصعوبات التي لم يشر إليها الكتاب والتي يمكن أن تحول دون عملية التلقي، وتعطل تقدم الدارسين على الوجه الأمثل.

وإذ نرجو أن يستجيب هذا التأليف وما يكمله من وسائل ووسائط لحاجة الدارس والمدرس، فإن أملنا أن نجد منكم، مستعملي هذا الكتاب، من صادق النصح ما يرتقي به شكلا ومضمونا فتعم به الاستفادة ويتحقق به الهدف إن شاء الله تعالى.

والله من وراء القصد وهو المعين .

لُغَتِي الْجَمِيلَةُ

أَقْرَأُ وَأَفْهَمُ

زَارَتْ زَيْنَبُ صَدِيقَتَهَا سُعَادَ ذَاتَ يَوْمٍ، فَوَجَدَتْهَا تَقْرَأُ قِصَّةً.

سَأَلَتْهَا: - أَتَقْرَئِينَ الْعَرَبِيَّةَ يَا سُعَادُ؟

- نَعَمْ، وَسَأَقْرَأُ عَلَيْكِ بَعْضًا مِنْ هَذِهِ الْقِصَّةِ.

جَعَلَتْ سُعَادُ تَقْرَأُ، لَكِنَّ زَيْنَبَ أَوْقَفَتْهَا:

- كَفَى! إِنِّي مَا فَهِمْتُ شَيْئًا... إِنِّي أَشْعُرُ بِالْخَجَلِ... أَنَا أُرِيدُ أَنْ أَتَعَلَّمَ لُغَتَنَا الْجَمِيلَةَ، فَمَاذَا أَفْعَلُ؟

- أَتَرْغَبِينَ حَقًّا فِي ذَلِكَ؟ سَأُرْشِدُكِ إِلَى الْمَدْرَسَةِ الَّتِي أَتَعَلَّمُ فِيهَا الْعَرَبِيَّةَ.

وَلَمْ تَمْضِ أَيَّامٌ، حَتَّى ٱلْتَقَتْ سُعَادُ صَدِيقَتَهَا فِي السَّاحَةِ، فَفَرِحَتْ. وَسَأَلَتْهَا:

- كَيْفَ وَجَدْتِ الْمَدْرَسَةَ يَا زَيْنَبُ؟

- إِنَّهَا جَمِيلَةٌ! وَحِصَصُ الدِّرَاسَةِ فِيهَا مُمْتِعَةٌ. لَقَدْ حَفِظْنَا الْيَوْمَ آيَاتٍ مِنَ الْقُرْآنِ الْكَرِيمِ. وَقَصَّتْ عَلَيْنَا الْمُعَلِّمَةُ قِصَّةَ السُّلَحْفَاةِ وَالْأَرْنَبِ. وَفِي آخِرِ الْحِصَّةِ، أَنْشَدْنَا أُنْشُودَةَ: «لُغَتِي لُغَتِي مَا أَحْلَاهَا».

وَمَا إِنْ أَنْهَتِ الْبِنْتَانِ كَلَامَهُمَا حَتَّى رَنَّ الْجَرَسُ، فَأَسْرَعَتْ كُلُّ وَاحِدَةٍ إِلَى فَصْلِهَا.

- المؤلّفون -

أَفْهَمُ مَعَانِيَ الْكَلِمَاتِ

تَرْغَبِينَ فِي : تُرِيدِينَ - تُحِبِّينَ

قَالَ لِي أَبِي : هَلْ تَرْغَبُ فِي تَعَلُّمِ السِّبَاحَةِ.

سَأُرْشِدُكِ إِلَى : سَأَدُلُّكِ - سَأُوَجِّهُكِ

أَرْشَدَ أَحْمَدُ الرَّجُلَ إِلَى مَسْجِدِ الْحَيِّ.

مُمْتِعَةٌ: تُعْجِبُ - مُفِيدَةٌ وَمُرِيحَةٌ

قَضَيْنَا أَوْقَاتًا مُمْتِعَةً فِي الْمُخَيَّمِ.

قَصَّ : حَكَى - رَوَى قِصَّةً

قَبْلَ النَّوْمِ، تَقُصُّ عَلَيَّ أُمِّي قِصَّةً قَصِيرَةً.

أُجيبُ عَنِ الأَسْئِلَةِ

- لِماذا أَحسَّتْ زَيْنَبُ بِالْخَجلِ؟
- ماذا فعلَتْ زَيْنَبُ لِتتعَلَّمَ الْعَرَبِيَّةَ؟
- كَيْفَ وَجدَتْ زَيْنَبُ مَدْرَستَها الْجدِيدَةَ؟

أُعبِّرُ كَما فِي الْمِثالِ

سَأَلَ الْأَبُ اِبْنَتَهُ:

- أَتَقْرَئينَ الْعَرَبِيَّةَ يا سُعادُ؟
- أَأَعْجَبَتْكِ الْمَدْرَسَةُ؟
- أَفَهِمْتِ الْقِصَّةَ؟
- أَحَفِظْتِ الْأُنْشُودَةَ؟

تَعْبِيرُ أَحْفَظُهُ

كَفى! إِنّي ما فَهِمْتُ شَيْئًا.

أَسْتَفِيدُ مِنَ النَّصِّ

- الْعَرَبِيَّةُ لُغَةُ الْقُرْآنِ.
- الْعَرَبِيَّةُ لُغَةٌ جَمِيلَةٌ.
- أَجْتَهِدُ لِأَتَعَلَّمَها.

تدريبات

1 أَقْرأُ النّصّ وَأضعُ علامَةَ X أَمامَ الْجَوابِ الصَّحيحِ

لِماذا أَوْقفتْ زَيْنبُ سُعادَ عَنِ الْقِراءَةِ؟

- لِأَنَّها تَقْرَأُ بِسُرْعَةٍ. ☐
- لِأَنَّها ما فَهِمتْ شَيْئًا. ☒
- لِأَنَّها تُريدُ أَنْ تَنْصرِفَ. ☐

2 أُعوِّضُ الْكَلِمَةَ الْمُسطَّرَةَ بِأُخْرى مِنَ النّصّ لَها الْمَعْنى نَفْسُهُ وَأَكْتُبُ الْجُمْلَةَ

دَلَّتْ زَيْنبُ سُعادَ إِلى الْمَدْرَسَةِ الْعَرَبيَّةِ.

- سأُرشِدُكِ إلى المدرسةِ التي أتعلّمُ فيها العربيَّةَ

حَكى الْمُعلِّمُ قِصَّةَ السُّلحْفاةِ وَالْأَرْنَبِ.

- علّمنا المعلّمُ قِصّةَ السُّلحفاةِ والأرنبِ.

3 أُكْمِلُ بِالْكَلِمَةِ الْمُناسِبَةِ

مُمْتِعَةٌ - جَميلَةٌ

- الْمَدْرَسَةُ جَميلَةٌ
- حِصَصُ الدِّراسَةِ مُمتِعَةٌ

H.A

تدريبات

نحو — الْجُمْلَةُ التَّامَّةُ وَالْجُمْلَةُ النَّاقِصَةُ

1 أَضَعُ X أَمامَ كُلِّ جُمْلَةٍ تامَّةٍ ثُمَّ أُكْمِلُ الْجُمْلَةَ النَّاقِصَةَ:

- [X] تَقْرَأُ سُعادُ قِصَّةً — تقرأ سعاد قصة
- [ ] شَعَرَتْ زَيْنَبُ — شعرت زينب بالخجل
- [X] الْمَدْرَسَةُ جَمِيلَةٌ — المدرسة
- [ ] أَسْرَعَتْ لَيْلَى إِلَى — إلى المدرسة

2 أُكَوِّنُ بِهَذِهِ الْكَلِماتِ جُمَلاً تامَّةً:

- السَّاحَةِ - التَّلامِيذُ - فِي
  - ← التلاميذ في الساحة
- يا - الْعَرَبِيَّةَ - سُعادُ - أَتَقْرَئِينَ
  - ← أتقرئين العربية يا سعاد
- ذَهَبَتْ - الْمَدْرَسَةِ - زَيْنَبُ - إِلَى
  - ← ذهبت زينب إلى المدرسة

جيدة

3 أُعَبِّرُ عَنِ الصُّورَةِ بِجُمْلَةٍ تامَّةٍ:

- ترسم سعاد وردة

1 أَقْرَأُ الْكَلِمَةَ وَأَكْتُبُها فِي الْمَكَانِ الْمُنَاسِبِ:

خَجِلٌ - شَيْءٌ - أَشْعُرُ - جَعَلَتْ - أَرْشَدَتْ - أُنْشُودَةٌ - دُرْجٌ - الْجَبَلُ

ج	ش
خَجِلٌ، جَعَلَتْ، دُرْجٌ الْجَبَلُ	شَيْءٌ، أَشْعُرُ، أَرْشَدَتْ، أُنْشُودَةٌ

2 أَقْرَأُ الْكَلِمَاتِ ثُمَّ أَمْلَأُ الْفَرَاغَ بِحَرْفِ الشِّينِ : ش

- جَرَسٌ ← يَجْعَلُ ← رَجٌّ
- شَرَسٌ ← يُشْعِلُ ← رَشٌّ

3 أَكْتُبُ تَحْتَ كُلِّ صُورَةٍ اسْمَها:

سَحَابٌ — جُرْحٌ — عُشٌّ — شَمْسٌ

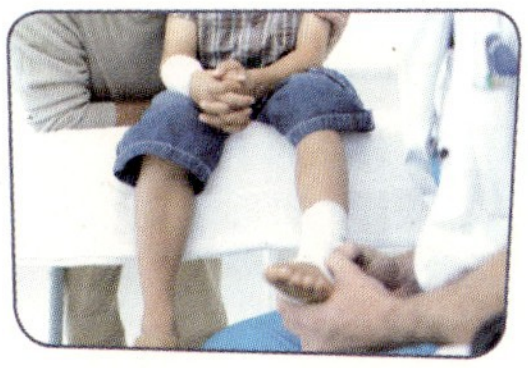

إِمْلَاءٌ

قَعَدَ هِشَامٌ مُنْزَعِجًا الْجَبَّادَاتُ جَمِيلَةٌ.
وَأَرْشَدَ مَعَ رَفِيقٍ

تَعْبِيرٌ

1 أَتَأَمَّلُ الصُّوَرَ وَأُعَبِّرُ كَمَا فِي الْمِثَالِ: أَتَقْرَئِينَ الْعَرَبِيَّةَ يَا سُعَادُ؟

أ. أَغَسِلْتَ يَدَيْكَ يَا فَيْصَلُ؟ ۰ أ. أَفَتَحْتَ الْبَابَ يَا يُوسُفُ؟ ۰ أ. أَفَهِمْتَ الْوَاجِبَ يَا أَحْمَدُ؟

2 أَكْمِلُ الْجُمَلَ التَّالِيَةَ:

أ بِكَلِمَاتٍ مِنَ النَّصِّ:

قَالَتْ زَيْنَبُ: أَتَقْرَئِينَ الْعَرَبِيَّةَ؟

قَالَتْ سُعَادُ: أَتَرْغَبِينَ حَقًّا فِي ذَلِكَ؟

ب بِاسْتِعْمَالِ الْأَفْعَالِ التَّالِيَةِ: فَهِمَ - أَكْمَلَ

قَالَ الْمُعَلِّمُ لِلتَّلَامِيذِ:

أَفَهِمْتِ الدَّرْسَ؟

أَأَكْمَلْتِ التَّمْرِينَ؟

لَا بُدَّ أَنْ نَتَعَاوَنَ !

أَقْرَأُ وَأَفْهَمُ

قَرُبَ الْعِيدُ، فَقَالَتْ لَنَا أُمِّي:
- مَا رَأْيُكُمْ لَوْ نَتَعَاوَنُ غَدًا عَلَى تَنْظِيفِ الْبَيْتِ وَتَرْتِيبِهِ؟
- الْأَبُ: أَنَا مُوَافِقٌ. وَأَنْتُمْ يَا أَوْلَادُ؟
- الْأَوْلَادُ: لِمَ لَا نُوَافِقُ؟ لَابُدَّ أَنْ نَتَعَاوَنَ!

وَفِي الصَّبَاحِ، بَعْدَ أَنْ تَنَاوَلْنَا الْفُطُورَ، تَقَاسَمْنَا الْأَعْمَالَ.
- الْأُمُّ: أَنَا سَأَفْتَحُ النَّوَافِذَ وَأَغْسِلُ زُجَاجَهَا.
- الْأَبُ: وَأَنَا سَأَحْمِلُ السَّتَائِرَ لِأَضَعَهَا فِي الْغَسَّالَةِ.

15

- الْأُمُّ: اُتْرُكْ هَذَا الْأَمْرَ لِي... أَنْتَ سَتُثَبِّتُ عَلَى الْجُدْرَانِ تِلْكَ الصُّوَرَ الْجَمِيلَةَ الَّتِي اشْتَرَيْنَاهَا.
- الْأَبُ: فِكْرَةٌ جَيِّدَةٌ، وَسَأَشْرَعُ الْآنَ... هَاتِي لِي الْمِطْرَقَةَ وَالْمَسَامِيرَ!
- الْبِنْتُ: أَتُرِيدُ أَنْ أُسَاعِدَكَ يَا أَبِي؟
- الْأُمُّ: لَا أَنْتِ سَتَمْسَحِينَ الْكَرَاسِيَ وَالطَّاوِلَاتِ... وَأَيْنَ أَحْمَدُ؟
- أَحْمَدُ: أَنَا هُنَا يَا أُمِّي. سَأُخْرِجُ الْمِكْنَسَةَ الْكَهْرَبَائِيَّةَ، وَأُنَظِّفُ بِهَا الْغُرَفَ الْوَاحِدَةَ بَعْدَ الْأُخْرَى...

وَشَرَعْنَا فِي الْعَمَلِ... هَذِهِ تُنَظِّفُ، وَتِلْكَ تَمْسَحُ، وَذَلِكَ يَدُقُّ... وَكَانَتْ أُمِّي مِنْ حِينٍ إِلَى آخَرَ تُشَجِّعُ هَذَا، أَوْ تُسَاعِدُ تِلْكَ، أَوْ تُبْدِي رَأْيَهَا، ثُمَّ تَعُودُ إِلَى عَمَلِهَا.

وَلَمَّا أَنْهَيْنَا الْعَمَلَ، بَدَا لَنَا الْبَيْتُ نَظِيفًا وَجَمِيلًا وَمُرَتَّبًا. شَكَرَتْنَا أُمِّي بِكَلَامِهَا الْعَذْبِ. وَشَعَرْنَا بِسَعَادَةٍ كَبِيرَةٍ أَنْسَتْنَا تَعَبَ ذَلِكَ الْيَوْمِ.

- الْمُؤَلِّفُون -

أَفْهَمُ مَعَانِيَ الْكَلِمَاتِ

- وَافَقْنَا: قَبِلْنَا - رَضِينَا ≠ رَفَضْنَا
- دَعَتْنِي صَدِيقَتِي لِأَزُورَهَا فَوَافَقْتُ.
- يُثَبِّتُ صُورَةً عَلَى الْجِدَارِ: يَشُدُّهَا إِلَى الْجِدَارِ
- ثَبَّتَ أَبِي الْحَقَائِبَ عَلَى السَّيَّارَةِ بِالْحَبْلِ.

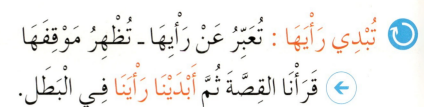

تُبْدِي رَأْيَهَا : تُعَبِّرُ عَنْ رَأْيِهَا - تُظْهِرُ مَوْقِفَهَا

قَرَأْنَا الْقِصَّةَ ثُمَّ أَبْدَيْنَا رَأْيَنَا فِي الْبَطَلِ.

شَرَعْنَا فِي : بَدَأْنَا - اِنْطَلَقْنَا ≠ أَنْهَيْنَا - فَرَغْنَا مِنْ...

مَا إِنْ فَرَغْنَا مِنْ دَرْسِ الْقِرَاءَةِ ، حَتَّى شَرَعْنَا فِي حِصَّةِ الرَّسْمِ.

أُجِيبُ عَنِ الْأَسْئِلَةِ

- مَاذَا طَلَبَتِ الْأُمُّ مِنْ أَفْرَادِ الْعَائِلَةِ؟
- اُذْكُرْ عَمَلَ كُلِّ وَاحِدٍ مِنْ أَفْرَادِ هَذِهِ الْأُسْرَةِ.
- شَعَرَ أَفْرَادُ الْأُسْرَةِ بِسَعَادَةٍ كَبِيرَةٍ. مَا سَبَبُهَا؟

أُعَبِّرُ كَمَا فِي الْمِثَالِ

- هَذِهِ أُمِّي تَغْسِلُ زُجَاجَ النَّوَافِذِ، وَتِلْكَ أُخْتِي تَمْسَحُ الْكَرَاسِي.
- هَذَا أَبِي يُثَبِّتُ الصُّوَرَ عَلَى الْجُدْرَانِ، وَذَاكَ أَخِي يُنَظِّفُ الْغُرَفَ.
- هَذَا بِلَالٌ يَجْرِي، وَذَاكَ خَلِيلٌ يَلْعَبُ بِالْكُرَةِ.

تَعْبِيرٌ أَحْفَظُهُ

جَعَلْتُ أُنَظِّفُ الْغُرَفَ الْوَاحِدَةَ بَعْدَ الْأُخْرَى.

أَسْتَفِيدُ مِنَ النَّصِّ

- التَّعَاوُنُ بَيْنَ أَفْرَادِ الْأُسْرَةِ وَاجِبٌ.
- النَّظَافَةُ جَمَالٌ وَرَاحَةٌ.

تَدْرِيبَاتٌ

1 أَذْكُرُ الْأَعْمَالَ الَّتِي قَامَ بِهَا كُلُّ فَرْدٍ

- الْأُمُّ : فَتَحَتْ ....
- الْأَبُ : ....
- الْأُخْتُ : ....
- الْوَلَدُ : ....

2 أَذْكُرُ الْأَدَوَاتِ الَّتِي اسْتَعْمَلَهَا أَفْرَادُ الْعَائِلَةِ

- الْمِقَصُّ - الْمَسَامِيرُ - الْمِكْنَسَةُ - الْمِطْرَقَةُ - ....
....

3 أَقْرَأُ النَّصَّ وَأَكْتُبُ أَمَامَ كُلِّ اسْمٍ جَمْعَهُ

- نَافِذَةٌ ← نَوَافِذُ ....
- سِتَارٌ ← ....
- كُرْسِيٌّ ← ....
- مِسْمَارٌ ← ....
- جِدَارٌ ← ....

تَصْرِيفٌ
الْفِعْلُ الْمَاضِي مُثْبَتًا وَمَنْفِيًّا مَعَ ضَمِيرَي الْمُتَكَلِّمِ: أَنَا - نَحْنُ

1 أُكْمِلُ الْجُمَلَ التَّالِيَةَ بِمَا يُنَاسِبُ:

- أَنَا بَدَأْتُ عَمَلِي. ← أَنَا مَا أَنْهَيْتُ عَمَلِي.
- نَحْنُ بَدَأْنَا عَمَلَنَا. ← نَحْنُ مَا أَنْهَيْنَا عَمَلَنَا.
- نَحْنُ نَظَّفْنَا الْغُرَفَ. ← نَحْنُ مَا مَسَحْنَا الْكَرَاسِيَ.
- أَنَا نَظَّفْتُ الْغُرَفَ. ← أَنَا مَا مَسَحْتُ الْكَرَاسِيَ.

2 أَخْتَارُ الْفِعْلَ الصَّحِيحَ:

- أَنَا (فَتَحْنَا / **فَتَحْتُ**) النَّوَافِذَ.
- نَحْنُ (**مَا غَسَلْنَا** / غَسَلْتُ) الصُّحُونَ.
- أَنَا وَأُخْتِي (أَسْرَعْنَا / **مَا أَسْرَعْتُ**) نَحْوَ التِّلْفَازِ.

3 أَتَأَمَّلُ الصُّورَةَ وَأَتَحَدَّثُ عَنْ نَفْسِي:

› أَنَا أَلْعَبُ فِي الْحَدِيقَةِ.

› أَنَا مَا نَظَّفْتُ الْعِنَبَ.

H.A 10:30 - 12:30

رَسْمٌ

1 أَقْرَأُ وَأَنْتَبِهُ إِلَى نُطْقِ **ق** وَ **ك** فِي الْكَلِمَاتِ التَّالِيَةِ:

قَرُبَ - وَافَقْنَا - لَحِقَتْ - قَالَتْ - قَاعَةُ الْجُلُوسِ
مَا رَأْيُكُمْ ؟ - الْكَرَاسِي - الْمِكْنَسَةُ الْكَهْرَبَائِيَّةُ

2 أُعَوِّضُ **ق** بِـ : **ك** ثُمَّ أَقْرَأُ:

قَـا لَ	قَلْبُ	يُقَلِّمُ	مُشْرِقُ
كَـا لَ	كَلْبُ	يُكَلِّمُ	مُشْرِكُ

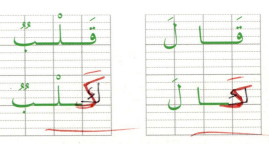

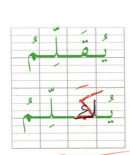

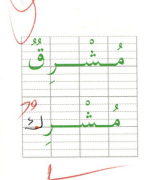

3 أَكْتُبُ تَحْتَ كُلِّ صُورَةٍ اسْمَهَا:

أَقْلَام ..... رُكْبَة ..... مِقَصّ ..... الْكُرْسِي

إِمْلَاءٌ

مَا رَأْيُكُمْ لَوْ تَتَعَاوَنُونَ عَلَى تَنْظِيفِ الْبَيْتِ وَتَرْتِيبِهِ

Barfa

1-

جيد

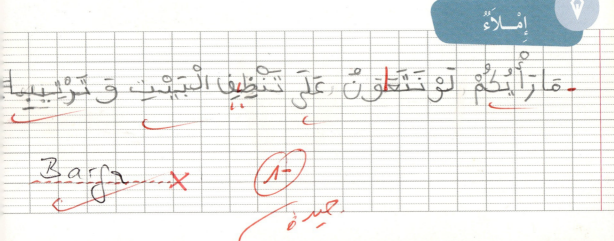

تَعْبِيرٌ

1 أَتَأَمَّلُ الْمَشَاهِدَ وَأُعَبِّرُ مُسْتَعْمِلاً: هَذَا ... وَذَاكَ ... / هَذِهِ ... وَتِلْكَ ... كَمَا فِي الْمِثَالِ:

هَذِهِ سَلْوَى تُنَظِّفُ غُرْفَتَهَا، وَتِلْكَ أُمُّهَا تَكْوِي الثِّيَابَ.

2 أُكْمِلُ بِمَعَانِيَ مِنَ النَّصِّ:

◂ هَذِهِ أُمِّي ....
◂ وَتِلْكَ أُخْتِي ....
◂ وَذَاكَ أَخِي ....

فَرْحَةُ الْعِيدِ

أَقْرَأُ وَأَفْهَمُ

هَا نَحْنُ نُوَدِّعُ شَهْرَ رَمَضَانَ، وَنَسْتَقْبِلُ عِيدَ الْفِطْرِ بِالْفَرْحَةِ وَالسُّرُورِ.

نَهَضْتُ فِي الصَّبَاحِ الْبَاكِرِ، وَرَافَقْتُ أَبِي إِلَى الْمَسْجِدِ. وَبَعْدَ صَلَاةِ الْعِيدِ، رَجَعْنَا إِلَى الْبَيْتِ، فَتَبَادَلْنَا التَّهَانِي. ثُمَّ ٱجْتَمَعْنَا فِي قَاعَةِ الْجُلُوسِ نَنْتَظِرُ قُدُومَ الزَّائِرِينَ، بَيْنَمَا ٱنْهَمَكَتْ أُمِّي فِي إِعْدَادِ الْغَدَاءِ.

وَمَا هِيَ إِلَّا سَاعَةٌ، حَتَّى ٱمْتَلَأَ الْبَيْتُ بِالْأَقَارِبِ وَالْأَصْحَابِ.

رَحَّبْنَا بِهِمْ. وَهنَّأَ بَعْضُنَا بَعْضًا وَجلَسَ الْكِبَارُ يَتَحَادَثُونَ، وَيَتَنَاوَلُون الْمَشْرُوبَاتِ اللَّذِيذَةَ. أَمَّا نَحْنُ الصِّغَارُ، فَكُنَّا نَلْعَبُ وَنَضْحكُ، وَنتذَوَّق أَصْناف الْحَلوِيَّاتِ، وَنكْتَشِفُ الْهَدَايَا الْمُتنوِّعَة.

حضَرَ الْغدَاءُ، فَٱجْتَمَعْنَا حَوْلَ المَائِدَةِ. وَ أَكَلْنَا مَا لَذَّ وَطَابَ مِنَ الطَّعَامِ وَالْفَوَاكِهِ. ثُمَّ طَافَتْ أُخْتِي عَلَى الْحَاضِرِينَ بِكُؤُوسِ الشَّايِ. وَلَمَّا ٱنْصَرَفَ الضُّيُوفُ، رَافَقَتْنَا أُمِّي إِلَى حَدِيقَةِ الْأَلْعَابِ. قَضَيْنَا هُنَاكَ وَقْتًا مُمْتِعًا حَتَّى غُرُوبِ الشَّمْسِ. ثُمَّ عُدْنَا إِلَى الْبَيْتِ مُبْتَهِجِينَ ...

- المؤلّفون -

أَفْهَمُ مَعَانِي الْكَلِمَاتِ

- **نُوَدِّعُ** : نُسَلِّمُ عَلَيْهِ عِنْدَ سَفَرِهِ.
  - سَافَرَ عَمِّي لِلْعُمْرَةِ، فَذَهَبْتُ مَعَ أَبِي إِلَى الْمَطَارِ **لِنُوَدِّعَهُ**.

- **تَبَادَلْنَا التَّهَانِيَ** : هَنَّأَ بَعْضُنَا بَعْضًا
  - فِي الْأَعْيَادِ **يَتَبَادَلُ** النَّاسُ **التَّهَانِيَ**.
- **اِنْهَمَكَتْ** : اِنْشَغَلَتْ بِٱهْتِمَامٍ

- **اِنْهَمَكَتْ** بُشْرَى فِي إِعْدَادِ دُرُوسِهَا.
- **مُبْتَهِجِينَ** : فَرِحِينَ، مَسْرُورِينَ
  - عَادَ أَبِي مِنَ السَّفَرِ، فَٱسْتَقْبَلْنَاهُ **مُبْتَهِجِينَ**.

أُجِيبُ عَنِ الْأَسْئِلَةِ

- مَتَى يَسْتَقْبِلُ الْمُسْلِمُونَ عِيدَ الْفِطْرِ؟
- اُذْكُرْ أَعْمَالَ الْكِبَارِ وَالصِّغَارِ حِينَ تَجَمَّعُوا بَعْدَ صَلَاةِ الْعِيدِ.
- مَاهِيَ الْكَلِمَاتُ الَّتِي تَدُلُّ عَلَى الْفَرَحِ فِي النَّصِّ؟

أُعَبِّرُ كَمَا فِي الْمِثَالِ

- لَمَّا انْصَرَفَ الضُّيُوفُ، رَافَقَتْنَا أُمِّي إِلَى حَدِيقَةِ الْأَلْعَابِ.
- لَمَّا غَرَبَتِ الشَّمْسُ، عُدْنَا إِلَى الْبَيْتِ مُبْتَهِجِينَ.
- لَمَّا أَنْهَيْنَا الطَّعَامَ، طَافَتْ أُخْتِي بِكُؤُوسِ الشَّايِ.

تَعْبِيرٌ أَحْفَظُهُ

- هَا نَحْنُ نَسْتَقْبِلُ عِيدَ الْفِطْرِ بِالْفَرْحَةِ وَالسُّرُورِ.

أَسْتَفِيدُ مِنَ النَّصِّ

- الْعِيدُ فَرْحَةٌ.
- تَبَادُلُ الزِّيَارَاتِ وَالْهَدَايَا يَزِيدُ الْمَوَدَّةَ بَيْنَ النَّاسِ.

﴿تَهَادُوا تَحَابُّوا﴾ حَدِيثٌ شَرِيفٌ

تدريبات

1 اُكْتُبُ أَعْمَالَ كُلِّ مَجْمُوعَةٍ

- الْكِبَارُ: يَتَحَادَثُونَ وَيَتَنَاوَلُونَ الْمَشْرُوبَاتِ
- اللَّذِيذَةَ ....
- الصِّغَارُ: فَكُنَّا نَلْعَبُ وَنَضْحَكُ وَنَتَنَاوَلُ
- أَصْنَافَ الْحَلْوَيَاتِ وَنَكْتَشِفُ الْهَدَايَا الْمُتَنَوِّعَةَ ....

2 أَسْتَخْرِجُ مِنَ النَّصِّ عِبَارَاتٍ تَدُلُّ عَلَى الْفَرَحِ

أ- .... ب- أَكَلْنَا وَذُقْنَا مِنَ الطَّعَامِ
ج- نَلْعَبُ وَنَضْحَكُ د- ذَهَبْنَا إِلَى حَدِيقَةِ الْأَلْعَابِ

3 أُرَتِّبُ الْأَعْمَالَ التَّالِيَةَ مِنْ (1) إِلَى (4)

- [2] نَذْهَبُ إِلَى الْمَسْجِدِ وَنُصَلِّي.
- [1] نَنْهَضُ مِنَ النَّوْمِ.
- [4] نَذْهَبُ إِلَى حَدِيقَةِ الْأَلْعَابِ.
- [3] نَسْتَقْبِلُ الضُّيُوفَ.

نَحْوٌ

أَقْسَامُ الْكَلِمَةِ

1 أَكْتُبُ تَحْتَ كُلِّ كَلِمَةٍ: اِسْمٌ أَوْ فِعْلٌ أَوْ حَرْفٌ

› أَعَدَّتْ أُمِّي الْغَدَاءَ › فِي الْبَيْتِ ضُيُوفٌ.

فِعْلٌ ..... اِسْمٌ ..... اِسْمٌ ..... حَرْفٌ ..... اِسْمٌ ..... اِسْمٌ .....

› ذَهَبَ أَحْمَدُ إِلَى الْمَسْجِدِ.

فِعْلٌ ..... اِسْمٌ ..... حَرْفٌ ..... اِسْمٌ .....

جيدة.

2 أُكْمِلُ كُلَّ جُمْلَةٍ بِالْكَلِمَةِ الْمُنَاسِبَةِ:

- فِعْلٌ › يَشْرَبُ ..... أَبِي الشَّايَ.
- اِسْمٌ › الْمَسْجِدُ ..... قَرِيبٌ مِنْ بَيْتِنَا.
- حَرْفٌ › فِي ..... الطَّبَقِ حَلْوَى.

3 أُعَبِّرُ عَنِ الصُّورَةِ بِجُمْلَةٍ تَبْدَأُ بِاسْمٍ وَأُخْرَى تَبْدَأُ بِفِعْلٍ:

› ....

› ....

رَسْمٌ

1 أَقْرَأُ وَأَنْتَبِهُ إِلَى نُطْقِ (ت) وَ (ط) فِي الْكَلِمَاتِ التَّالِيَةِ:

طَبَقٌ - نَسْتَقْبِلُ - الْمُرَطِّبَاتُ - التَّهَانِي

نَنْتَظِرُ - الطَّعَامُ - طَافَتْ - الْفِطْرُ

2 أُكْمِلُ الْكَلِمَاتِ بِـ: (ت) ثُمَّ بِـ: (ط) وَ أَقْرَأُ:

...ـابَ	...ـينُ	أَمْـ...ـارُ
...ـابَ	...ـينُ	أَمْـ...ـارُ

3 أَكْتُبُ تَحْتَ كُلِّ صُورَةٍ اسْمَهَا:

....

إِمْلَاءٌ

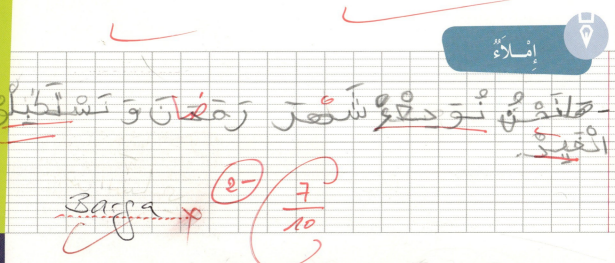

تدريبات

تعبير

1 أتأمّلُ الصُّورَ وأُعبِّرُ كما في الْمِثالِ:

لَـمّـا قدِمَ الْعِيدُ، شَعَرْنا بِالْفَرْحَةِ والسُّرُورِ.

- لَـمَّـا سمعنا الأذان دخلنا إلى المسجد.

- لَـمَّـا وصلت الحافلة، ركبنا فيها.

2 أُكْمِلُ الْجُمَلَ بِما يُناسِبُ مَعانِيَ النَّصِّ:

- لَـمَّـا انصرف الضُّيُوفُ، رافَقَتْنا أمّي إلى حديقة الأَلْعابِ.
- لمّا حَضَرَ الطَّعامُ، اِجْتَمَعْنا حَوْلَ الْمائِدَةِ.
- لَـمَّـا رجعنا إلى الْبَيْتِ، جلسنا فِي قاعَةِ الْجُلُوسِ.
- لَـمَّـا أَنْهَيْنا الأَكْلَ، طافت أختي على الحاضرين بكؤوس الشاي.

ممتازة

يَا مَعْهَدِي

يَا مَعْهَدًا عَلَّمَنِي وَ بِالْهُدَى جَمَّلَنِي!

حَلَّيْتَنِي مِنْ صِغَرِي بِكُلِّ خُلْقٍ حَسَنِ.

كَمْ فِيكَ مِنْ مُعَلِّمٍ بَرٍّ، كَثِيرِ الْمِنَنِ!

بِعِلْمِهِ زَوَّدَنِي بِنُصْحِهِ أَرْشَدَنِي.

تَحِيَّةً يَا مَعْهَدِي يَا أَصْلَ عَيْشِيَ الْهَنِي

أَنْشَأْتَنِي مُبَارَكًا لِأُمَّتِي وَ وَطَنِي

أَفْهَمُ مَعَانِيَ الْكَلِمَاتِ

- الْهُدَى : الصَّوَابُ - الْاسْتِقَامَةُ
- الْإِسْلَامُ هُوَ دِينُ الْهُدَى.

- حَلَّيْتَنِي : زَيَّنْتَنِي - جَمَّلْتَنِي
- رَتَّبَتِ الْأُمُّ الْبَيْتَ ثُمَّ حَلَّتْهُ بِبَاقَاتٍ مِنَ الزَّهْرِ.
- زَوَّدَنِي : أَعْطَانِي - مَلَأَنِي
- يُزَوِّدُ الْمُرَافِقُ التَّلَامِيذَ بِالنَّصَائِحِ قَبْلَ رُكُوبِ الْحَافِلَةِ.

أُجِيبُ عَنِ السُّؤَالِ

- مَاذَا تُعَلِّمُنَا الْمَدْرَسَةُ؟

أُعَبِّرُ كَمَا فِي الْمِثَالِ

- كَمْ فِيكَ مِنْ مُعَلِّمٍ بَرٍّ!
- كَمْ فِي الْكِتَابِ مِنْ طَرَائِفَ جَمِيلَةٍ!
- كَمْ فِي الْمَزْرَعَةِ مِنْ أَشْجَارٍ مُثْمِرَةٍ!

أَسْتَفِيدُ مِنَ الْقَصِيدَةِ

- أُوَاظِبُ عَلَى الْمَدْرَسَةِ لِأَنَّهَا مُفِيدَةٌ.
- أَتَعَلَّمُ وَأَنْجَحُ لِأُفِيدَ أُمَّتِي وَوَطَنِي.

أُنْشُودَةٌ

شُكْرًا لَكُمَا !

أَقْرَأُ وَ أَفْهَمُ

كَانَ جَارُنَا مَحْمُودُ رَجُلاً ضَرِيرًا، وَكُنْتُ أُرَافِقُهُ كُلَّ يَوْمٍ إِلَى مَقَرِّ عَمَلِهِ قَبْلَ أَنْ أَسْلُكَ طَرِيقَ الْمَدْرَسَةِ.

ذَاتَ يَوْمٍ، مَرَرْتُ كَعَادَتِي، فَلَمْ أَجِدْهُ فِي ٱنْتِظَارِي. وَمَكَثْتُ أَمَامَ الْبَيْتِ أَتَرَقَّبُ خُرُوجَهُ. وَلَمَّا رَأَيْتُ أَنَّ وَقْتَ الدُّخُولِ إِلَى الْفَصْلِ قَدِ ٱقْتَرَبَ ، طَرَقْتُ الْبَابَ. خَرَجَتْ زَوْجَتُهُ، وَقَالَتْ لِي:

بَارَكَ اللَّهُ فِيكَ يَا عُمَرُ! إِنَّ صَدِيقَكَ مُرَادًا قَدْ سَبَقَكَ الْيَوْمَ، وَرَافَقَ مَحْمُودًا إِلَى عَمَلِهِ.

أَسْرَعْتُ فِي سَيْرِي لِكَيْ لاَ أَتَأَخَّرَ. لَكِنِّي حِينَ وَصَلْتُ إِلَى الْمَدْرَسَةِ وَجَدْتُ السَّاحَةَ خَالِيَةً مِنَ التَّلاَمِيذِ. دَخَلْتُ الْفَصْلَ. فَاعْتَذَرْتُ لِمُعَلِّمَتِي. وَذَكَرْتُ لَهَا سَبَبَ تَأَخُّرِي.

عَذَرَتْنِي الْمُعَلِّمَةُ. وَطَلَبَتْ مِنِّي أَنْ أَقُصَّ عَلَى أَصْحَابِي مَا فَعَلْتُهُ الْيَوْمَ أَنَا وَصَدِيقِي مُرَادُ. فَاسْتَحْسَنَ رِفَاقِي عَمَلَنَا، وَهَتَفُوا: شُكْرًا لَكُمَا، شُكْرًا لَكُمَا! ...

ـ المؤلّفون ـ

أَفْهَمُ مَعَانِيَ الْكَلِمَاتِ

ضَرِيرٌ : أَعْمَى - لاَ يَرَى ≠ بَصِيرٌ

← سَاعَدَ أَحْمَدُ جَارَهُ الضَّرِيرَ عَلَى عُبُورِ الطَّرِيقِ.

سَلَكَ طَرِيقًا : سَارَ فِيهَا

← سَلَكْنَا طَرِيقًا فِي الْغَابَةِ لِنَذْهَبَ إِلَى الْبَحْرِ.

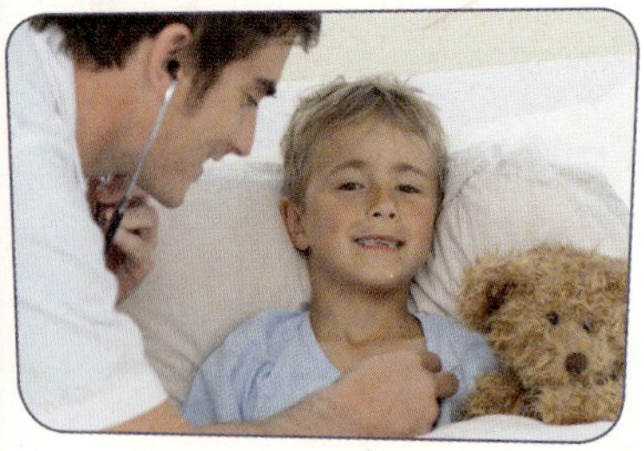

مَكَثَ : بَقِيَ

← مَكَثَ سَامِي أُسْبُوعًا فِي الْمُسْتَشْفَى.

أُجِيبُ عَنِ الْأَسْئِلَةِ

- لِمَاذَا لَمْ يَجِدْ عُمَرُ جَارَهُ مَحْمُودًا يَنْتَظِرُ كَعَادَتِهِ؟
- مَاذَا فَعَلَ عُمَرُ عِنْدَمَا دَخَلَ الْفَصْلَ مُتَأَخِّرًا؟
- اِسْتَحْسَنَتِ الْمُعَلِّمَةُ عَمَلَ الْوَلَدَيْنِ. كَيْفَ عَبَّرَتْ عَنْ ذَلِكَ؟

أُعَبِّرُ كَمَا فِي الْمِثَالِ

- طَلَبَتْ مِنِّي الْمُعَلِّمَةُ أَنْ أَقُصَّ عَلَى أَصْحَابِي مَا فَعَلْتُهُ.
- طَلَبَ الضَّرِيرُ مِنَ الْوَلَدِ أَنْ يُرَافِقَهُ إِلَى مَقَرِّ عَمَلِهِ.
- طَلَبْتُ مِنْ أَبِي أَنْ يَشْتَرِيَ لِي دَرَّاجَةً.

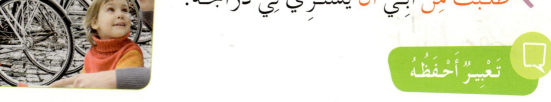

تَعْبِيرٌ أَحْفَظُهُ

أَسْرَعْتُ فِي سَيْرِي لِكَيْ لَا أَتَأَخَّرَ.

أَسْتَفِيدُ مِنَ النَّصِّ

- أُحْسِنُ إِلَى جِيرَانِي.
- أُسَاعِدُ الْمُحْتَاجَ.
- أَعْتَذِرُ إِذَا أَخْطَأْتُ.

تَدْرِيبَاتٌ

1 أَقْرَأُ النَّصَّ وَأَضَعُ عَلَامَةَ **X** أَمَامَ الْجَوَابِ الصَّحِيحِ

طَرَقَ الْوَلَدُ بَابَ الْجِيرَانِ:

- لِأَنَّ وَقْتَ الدُّخُولِ إِلَى الْقِسْمِ قَدِ اقْتَرَبَ. ☒
- لِأَنَّهُ تَعِبَ مِنَ الْاِنْتِظَارِ. ☐
- لِأَنَّهُ يُرِيدُ أَنْ يُرَافِقَ جَارَهُ إِلَى الْمَدْرَسَةِ. ☐

2 أُعَوِّضُ الْكَلِمَةَ الْمُسَطَّرَةَ بِأُخْرَى مِنَ النَّصِّ لَهَا الْمَعْنَى نَفْسُهُ وَأَكْتُبُ الْجُمْلَةَ

- كَانَ جَارُنَا مَحْمُودٌ رَجُلًا أَعْمَى.
- كَانَ جَارُنَا مَحْمُودٌ رَجُلًا ضَرِيرًا ....
- بَقِيتُ أَمَامَ الْبَيْتِ أَتَرَقَّبُ خُرُوجَهُ.
- مَكَثْتُ أَمَامَ الْبَيْتِ أَتَرَقَّبُ خُرُوجَهُ. ....

جيد

3 أَقْرَأُ النَّصَّ وَأُكْمِلُ جَوَابَ السُّؤَالِ

لِمَاذَا هَتَفَ الْأَطْفَالُ: "شُكْرًا لَكُمَا ..."؟

- هَتَفَ الْأَطْفَالُ: "شُكْرًا لَكُمَا...!" لِأَنَّهُمْ سَاعَدُوا ....
مَحْمُودًا. ....

تَصْريفُ الْفِعْلِ الْماضي مُثْبَتًا وَمَنْفيًّا مَعَ: هُوَ وَهِيَ

1 أُكْمِلُ تَعْميرَ الْجَدْوَلِ:

الضَّميرُ \ الْفِعْلُ	وَصَلَ		أَسْرَعَ	
هُوَ	وَصَلَ	ما	.....	ما .....
هِيَ	.....	.....	أَسْرَعَتْ	.....

2 أَقْرَأُ ثُمَّ أُكْمِلُ مُتَحَدِّثًا عَنْ سُعادَ:

طَرَقَ أَحْمَدُ الْبابَ فَما وَجَدَ أَحَدًا. عادَ وَما دَخَلَ.
..... سُعادُ الْبابَ فَما ..... أَحَدًا. ..... وَما ..... .

3 أُعَبِّرُ عَنِ الصّورَةِ بِاسْتِعْمالِ فِعْلٍ في الْماضي:

▸ هُوَ كَتَبَ ....
▸ هِيَ ما أَكَلَتْ ....

رَسْمٌ

1 أَقْرَأُ وَأَنْتَبِهُ إِلَى نُطْقِ **س** وَ **ص** فِي الْكَلِمَاتِ التَّالِيَةِ:

أَحَسَّ - أَسْلُكُ - صَدِيقُكَ - وَصَلَتْ

أَسْرَعْتُ - أَقُصُّ - أَصْحَابِي - اِسْتَحْسَنَ

2 أُكْمِلُ الْكَلِمَاتِ بِـ : **س** ثُمَّ بِـ : **ص** وَ أَقْرَأُ:

سُورَةٌ	سَيْفٌ	نَسْرٌ
صُورَةٌ	صَيْفٌ	نَصْرٌ

3 مَنْ أَنَا؟

- حَرْفِي الْأَخِيرُ ص وَيَسْتَعْمِلُنِي الْحَلَّاقُ : ← أَنَا مِقَصٌّ
- حَرْفِي الثَّانِي س وَأَنَا عَدَدٌ قَبْلَ 10: ← أَنَا تِسْعَةٌ
- حَرْفِي الْأَوَّلُ س وَأَنَا أَثَاثٌ لِلنَّوْمِ : ← أَنَا سَرِيرٌ
- حَرْفِي الْأَوَّلُ ص وَأُسْتَعْمَلُ لِلتَّنْظِيفِ: ← أَنَا صَابُونٌ

إِمْلَاءٌ

كَانَ جَارُنَا مَحْمُودٌ رَجُلًا مَرِيضًا.
قَطَّتُ أَنْحَرُ أَمَامَ الْبَيْتِ تَرْقُبُ جُرْ حَصُوَ.

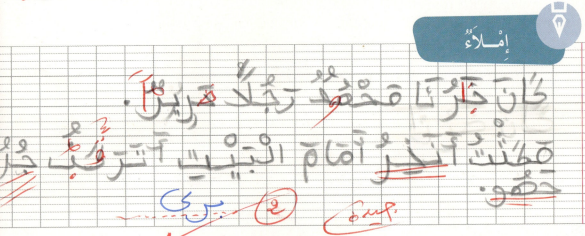

تَعْبِيرٌ

1 أَتَأَمَّلُ الصُّوَرَ وَأُعَبِّرُ كَما فِي الْمِثالِ:

طَلَبَتْ مِنّي الْمُعَلِّمَةُ أَنْ أَقُصَّ عَلَى أَصْحابِي ما فَعَلْتُهُ.

- طَلَبَ .... أَنْ ....
- طَلَبَتَ .... أَنْ ....
- طَلَبَت .... أَنْ ....

2 أُكْمِلُ الْجُمَلَ بِمَا يُناسِبُ مِنَ الْعِبارَاتِ:

- (كِيسًا ثَقِيلاً / رَجُلاً عَجُوزًا)
  - رَأَيْتُ فِي السُّوقِ رَجُلًا عَجُوزًا يَحْمِلُ كِيسًا ثَقِيلًا .
- (مَسْرُورًا / أَنْ أُساعِدَهُ)
  - طَلَبَ مِنّي أَنْ أُساعِدَهُ فَوافَقْتُ مَسْرُورًا .
- (بَيْتِهِ / اِنْصَرَفْتُ / وَصَلْنا)
  - لَمّا وَصَلْنا إِلَى بَيْتِهِ شَكَرَنِي . وَ إِنْصَرَفْتُ .

الْأَمِيرُ الْمُتَوَاضِعُ

أَقْرَأُ وَأَفْهَمُ

كَانَ عُمَرُ بْنُ الْخَطَّابِ حَاكِمًا لِلْمُسْلِمِينَ. خَرَجَ ذَاتَ لَيْلَةٍ يَتَفَقَّدُ أَحْوَالَهُمْ. وَمَرَّ بِجِوَارِ خَيْمَةٍ. فَوَجَدَ ٱمْرَأَةً قَدْ أَشْعَلَتْ نَارًا تَحْتَ قِدْرٍ. وَسَمِعَ أَطْفَالاً يَبْكُونَ. فَٱقْتَرَبَ عُمَرُ مِنَ الْمَرْأَةِ وَقَالَ:

لِمَاذَا يَبْكِي هَؤُلَاءِ الصِّغَارُ؟ قَالَتْ: إِنَّهُمْ جِيَاعٌ...

- لِمَاذَا لَا تُعْطِينَهُمْ مِمَّا فِي الْقِدْرِ؟

- لَيْسَ فِي الْقِدْرِ طَعَامٌ ، لَكِنْ مَاءٌ وَحَصًى أُصَبِّرُهُمْ بِهِ حَتَّى يَنَامُوا...

تَرَكَ عُمَرُ الْمَرْأَةَ. ثُمَّ عَادَ إِلَيْهَا مُسْرِعًا، يَحْمِلُ عَلَى ظَهْرِهِ

دَقِيقًا وَسَمْنًا وَعَسَلًا. وَجَلَسَ أَمَامَ النَّارِ يُعِدُّ لِلصِّبْيَةِ طَعَامًا... وَلَمَّا نَضِجَ، قَدَّمَهُ لَهُمْ، فَأَكَلُوا حَتَّى شَبِعُوا، ثُمَّ نَامُوا ...

شَكَرَتِ الْمَرْأَةُ عُمَرَ وَسَأَلَتْهُ: مَنْ أَنْتَ يَرْحَمُكَ اللَّهُ؟

اِبْتَسَمَ عُمَرُ وَقَالَ لَهَا: تَعَالَيْ غَدًا عِنْدَ أَمِيرِ الْمُؤْمِنِينَ، وَسَتَعْرِفِينَ مَنْ أَنَا ...

فَهِمَتِ الْمَرْأَةُ أَنَّ الرَّجُلَ الَّذِي أَمَامَهَا هُوَ عُمَرُ. فَجَعَلَتْ تَدْعُو لَهُ بِكُلِّ خَيْرٍ.

مِنَ التُّرَاثِ الْإِسْلَامِيِّ (بِتَصَرُّفٍ)

أَفْهَمُ مَعَانِيَ الْكَلِمَاتِ

🔄 **نَضِجَ**: صَارَ نَاضِجًا وَطَابَ أَكْلُهُ

← قَطَفَ الْفَلَّاحُ الثِّمَارَ لَمَّا نَضِجَتْ.

🔄 **بِجِوَارِ**: بِجَانِبِ ـ قَرِيبًا مِنْ

← يَسْكُنُ أَحْمَدُ بِجِوَارِ الْمَدْرَسَةِ.

🔄 **حَصًى**: حِجَارَةٌ صَغِيرَةٌ

← يَكْثُرُ الْحَصَى عَلَى جَنَبَاتِ النَّهْرِ.

أُجِيبُ عَنِ الْأَسْئِلَةِ

- لِمَاذَا كَانَ عُمَرُ بْنُ الْخَطَّابِ يَخْرُجُ فِي اللَّيْلِ؟
- مَا سَبَبُ بُكَاءِ الْأَطْفَالِ؟
- لِمَاذَا لَمْ تُطْعِمِ الْمَرْأَةُ الصِّغَارَ مِمَّا فِي الْقِدْرِ؟
- كَيْفَ سَاعَدَ عُمَرُ الْمَرْأَةَ؟

أُعَبِّرُ كَمَا فِي الْمِثَالِ

- لَيْسَ فِي الْقِدْرِ طَعَامٌ.
- لَيْسَ فِي الْخَيْمَةِ رَجُلٌ.
- لَيْسَ فِي الْعُشِّ عُصْفُورٌ.

تَعْبِيرٌ أَحْفَظُهُ

- جَلَسَ عُمَرُ أَمَامَ النَّارِ يُعِدُّ لِلصِّبْيَةِ طَعَامًا.

أَسْتَفِيدُ مِنَ النَّصِّ

- الْمُسْلِمُ يَهْتَمُّ بِأُمُورِ الْمُسْلِمِينَ.
- الْمُسْلِمُ يُسَاعِدُ الْمُحْتَاجِينَ.
- الْمُسْلِمُ مُتَوَاضِعٌ يَخْدِمُ النَّاسَ.

تَدْرِيبَاتٌ

1 أَقْرَأُ النَّصَّ وَأَضَعُ عَلَامَةَ **X** أَمَامَ الْجَوَابِ الصَّحِيحِ

اِقْتَرَبَ الْأَمِيرُ عُمَرُ مِنَ الْمَرْأَةِ :

- لِيُسَلِّمَ عَلَيْهَا. ☐
- لِأَنَّهُ سَمِعَ أَطْفَالًا يَبْكُونَ. ☒
- لِيُعْطِيَهَا طَعَامًا. ☐

2 أَضَعُ الْجَوَابَ الصَّحِيحَ فِي إِطَارٍ

نَامَ الْأَطْفَالُ:

- ← لِأَنَّهُمْ تَعِبُوا مِنَ ٱنْتِظَارِ الطَّعَامِ.
- ← لِأَنَّهُمْ خَافُوا مِنْ عُمَرَ بْنِ الْخَطَّابِ.
- ← لِأَنَّهُمْ أَكَلُوا وَشَبِعُوا.

3 أَخْتَارُ الْجَوَابَ الصَّحِيحَ وَأُعَلِّلُ اخْتِيَارِي

عَرَفَتِ الْمَرْأَةُ عُمَرَ:

- ○ فِي أَوَّلِ الْأَمْرِ.
- ○ فِي آخِرِ الْأَمْرِ.

كَيْفَ عَرَفْتَ ذَلِكَ ؟

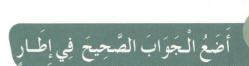

- لَمَّا قَالَ لَهَا: تَعَالَيْ غَدًا عِنْدَ أَمِيرِ الْمُؤْمِنِينَ وَسَتَعْرِفِينَ مَنْ أَنَا.

نَحْوُ

الْمُذَكَّرُ وَالْمُؤَنَّثُ

1 أَجْعَلُ الاسْمَ الْمُذَكَّرَ في دَائِرَةٍ وَأُسَطِّرُ تَحْتَ الاسْمِ الْمُؤَنَّثِ:

- مَرَّ عُمَرُ قُرْبَ خَيْمَةٍ.
- عَلَى النَّارِ قِدْرٌ فِيهَا مَاءٌ.
- رَأَى امْرَأَةً تَطْبُخُ طَعَامًا.
- دَارُ الْأَمِيرِ مُتَوَاضِعَةٌ.

2 أُحَوِّلُ الْجُمَلَ الْآتِيَةَ إِلَى الْمُؤَنَّثِ:

- جَاءَ الطَّبِيبُ. • هَذَا وَلَدٌ.
- جَاءَتِ الطَّبِيبَةُ. • هَذِهِ وَلَدٌ بِنْتٌ.
- وَقَفَ الْمُعَلِّمُ. • هَذَا جَمَلٌ كَبِيرٌ.
- وَقَفَتِ الْمُعَلِّمَةُ. • هَذِهِ جَمَلٌ نَاقَةٌ كَبِيرَةٌ.

3 أُعَبِّرُ عَنِ الصُّورَتَيْنِ بِجُمَلٍ فِيهَا أَسْمَاءٌ مُذَكَّرَةٌ أَوْ مُؤَنَّثَةٌ:

رَسْمٌ

1 أَقْرَأُ وَأَنْتَبِهُ إِلَى نُطْقِ ح وَ هـ فِي الْكَلِمَاتِ التَّالِيَةِ:

حَاكِمٌ - هَؤُلَاءِ - أَحْوَالُهُمْ - حَصَى - اللَّهُ

يَحْمِلُ - إِنَّهُمْ - ظَهْرُهُ - قَدَّمَهُ إِلَيْهَا - فَهِمَتْ

2 أُكْمِلُ الْكَلِمَاتِ بِـ: ح ثُمَّ بِـ: هـ وَ أَقْرَأُ:

هُرٌّ   هُدَى   يَحْمِلُ   رِيحٌ

مَرٌّ   حُكَى   يُهْمِلُ   وَجْهٌ

3 مَنْ أَنَا؟

◂ أَنَا عَدَدٌ قَبْلَ اثْنَيْنِ وَحَرْفِي الثَّالِثُ ح : واحد

◂ أَنَا قُوَّتِي تَقْلَعُ الْأَشْجَارَ وَحَرْفِي الْأَخِيرُ ح : ريح

◂ أَنَا جُزْءٌ مِنَ السَّنَةِ وَحَرْفِي الثَّانِي هـ : شهر

إِمْلَاءٌ

تَعْبِيرٌ

1 أَتَأَمَّلُ الصُّوَرَ وَأُعَبِّرُ كَمَا فِي الْمِثَالِ: لَيْسَ فِي الْقِدْرِ طَعَامٌ.

لَيْسَ فِي الْأَطْفَالِ عَلَى .... — لَيْسَ فِي النَّاوَلِ الطَّعَامِ عَلَى الطَّبَقِ. — لَيْسَ فِي الْأَطْفَالِ فِي الْمَلْعَبِ.

2 أَمْلَأُ الْفَرَاغَ بِمَا يُنَاسِبُ مِنَ الْكَلِمَاتِ:

الْحَافِلَةِ - لَيْسَ فِي - مُدَرَّجٌ - الْقِسْمِ - حَيَوَانَاتٌ مُفْتَرِسَةٌ

- لَيْسَ فِي الْقِسْمِ تَلَامِيذُ.
- لَيْسَ فِي الْمَلْعَبِ مُدَرَّجٌ.
- لَيْسَ فِي الْغَابَةِ حَيَوَانَاتٌ مُفْتَرِسَةٌ.
- لَيْسَ فِي الْحَافِلَةِ رُكَّابٌ.

عِنْدَ الْحَلَّاقِ

أَقْرَأُ وَأَفْهَمُ

طَالَ شَعْرُ رَأْسِي، فَذَهَبْتُ مَعَ أَبِي إِلَى حَلَّاقٍ يَعْرِفُهُ. رَحَّبَ بِنَا الْحَلَّاقُ. وَجَلَسْنَا نَنْتَظِرُ دَوْرَنَا.

أَخَذْتُ أُجِيلُ بَصَرِي فِي أَنْحَاءِ الدُّكَّانِ. كَانَ كُلُّ شَيْءٍ فِيهِ نَظِيفًا. عَلَى جُدْرَانِهِ ثُبِّتَتْ مَرَايَا عَدِيدَةٌ، وَرُفُوفٌ وَضَعَ عَلَيْهَا الْحَلَّاقُ الْمَنَادِيلَ، وَ الْأَمْشَاطَ، وَ قَوَارِيرَ الْعِطْرِ وَ الْغَسُولِ.

جَاءَ دَوْرِي، فَأَجْلَسَنِي الْحَلَّاقُ عَلَى كُرْسِيٍّ، وَأَلْبَسَنِي مِيدَعَةً

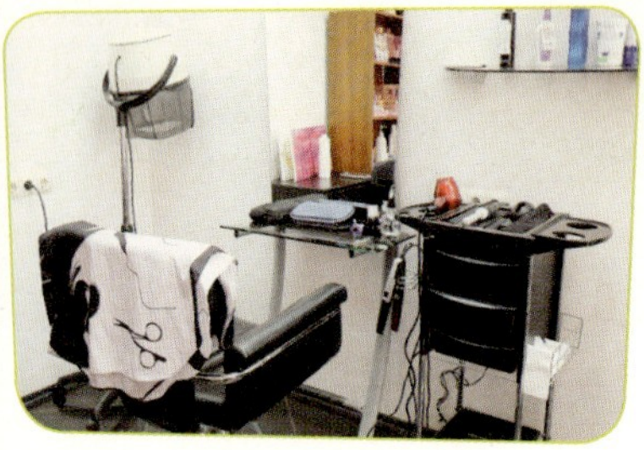

تَحْفَظُ مَلابِسِي مِنْ حُفافاتِ الشَّعرِ. ثُمَّ أَمْسَكَ مِقَصًّا وَمُشْطًا، وَشَرَعَ يَحْلِقُ شَعْرِي بِخِفَّةٍ وَلُطْفٍ، وَهُوَ لاَ يَنْقَطِعُ عَنْ مُحادَثَتِي. وَلَمّا فَرَغَ، نَفَضَ الْمِيدَعَةَ، وَخَلَعَها عَنّي ثُمَّ عَطَّرَني... شَكَرْتُهُ، وَتَرَكْتُ مَكانِي لِحَرِيفٍ آخَرَ.

ـ المؤلفون ـ

أَفْهَمُ مَعانِي الْكَلِماتِ

- أُجِيلُ بَصَرِي: أُدِيرُ بَصَرِي
- ← أَجالَ الْفَلّاحُ بَصَرَهُ فِي الْحَقْلِ وَقالَ: الْحَمْدُ لِلَّهِ.
- غَسُولٌ: سائِلٌ لِلتَّنْظِيفِ ـ سائِلٌ نَغْسِلُ بِهِ
- ← فِي الْمَتْجَرِ أَنْواعٌ كَثِيرَةٌ مِنْ غَسُولِ الشَّعْرِ.
- حُفافاتُ الشَّعْرِ: الشَّعْرُ الْمُتَساقِطُ عِنْدَ الْحِلاقَةِ.
- ← يُنَظِّفُ الْحَلَّاقُ الدُّكّانَ مِنْ حُفافاتِ الشَّعْرِ فِي كُلِّ مَرَّةٍ.
- حَرِيفٌ: زَبُونٌ.

- ← يُرَحِّبُ التّاجِرُ بِحُرَفائِهِ.

أُجِيبُ عَنِ الْأَسْئِلَةِ

- كَيْفَ كَانَ دُكَّانُ الْحَلَّاقِ؟
- مَاذَا رَأَى الْوَلَدُ عَلَى جُدْرَانِ الدُّكَّانِ؟
- مَا الْأَعْمَالُ الَّتِي يَقُومُ بِهَا الْحَلَّاقُ؟

أُعَبِّرُ كَمَا فِي الْمِثَالِ

- شَرَعَ الْحَلَّاقُ يَقُصُّ شَعْرِي وَهُوَ لَا يَنْقَطِعُ عَنْ مُحَادَثَتِي.
- اِنْتَظَرْتُ دَوْرِي عِنْدَ الْحَلَّاقِ وَأَنَا أَتَصَفَّحُ جَرِيدَةً.

- تَسَلَّمَتْ أُخْتِي الْهَدِيَّةَ وَهِيَ تَبْتَسِمُ.

تَعْبِيرٌ أَحْفَظُهُ

- لَمَّا فَرَغَ الْحَلَّاقُ، خَلَعَ عَنِّي الْمِيدَعَةَ، ثُمَّ عَطَّرَنِي.

أَسْتَفِيدُ مِنَ النَّصِّ

- أَحْرِصُ عَلَى نَظَافَةِ بَدَنِي.
- أَنْتَظِرُ دَوْرِي بِهُدُوءٍ.

تدريبات

1 أَذْكُرُ الْأَدَوَاتِ الَّتِي يَسْتَعْمِلُهَا الْحَلَّاقُ فِي عَمَلِهِ

◀ مِقَصٌّ، مِنْشَارٌ، مِيدَعَةٌ ...

2 أَكْتُبُ مِنَ النَّصِّ مَا يَدُلُّ عَلَى

◀ أَنَّ الْحَلَّاقَ مَاهِرٌ : وَشَرَعَ بِحَلْقِ شَعْرِي بِخِفَّةٍ وَلُطْفٍ

◀ أَنَّ الطِّفْلَ أَعْجَبَهُ دُكَّانُ الْحَلَّاقِ : كَانَ كُلُّ شَيْءٍ فِيهِ نَظِيفًا، عَلَى جُدْرَانِهِ ثُبِّتَتْ مَرَايَا عَدِيدَةٌ وَرُفُوفٌ وُضِعَ عَلَيْهَا الْحَلَّاقُ الْمَنَادِيلَ، وَالْأَمَاشِطُ وَالْغَسُولَ

3 أَبْحَثُ فِي النَّصِّ عَنْ جَمْعِ كُلٍّ مِنَ الْأَسْمَاءِ التَّالِيَةِ

الْمُفْرَدُ	الْجَمْعُ
رَفٌّ	رُفُوفٌ
مِرْآةٌ	مَرَايَا
مِنْدِيلٌ	مَنَادِيلُ
قَارُورَةٌ	قَوَارِيرُ

تدريبات

> تصريف الْفِعْلُ الْمَاضِي مُثْبَتًا وَمَنْفِيًّا مَعَ : هُمَا (الْمُذَكَّرُ وَالْمُؤَنَّثُ) ـ هُمْ ـ هُنَّ

1 أَصِلُ بَيْنَ الضَّمِيرِ وَالْفِعْلِ الْمُنَاسِبِ:

أَحْمَدُ وَعَلِيٌّ (هُمَا) ○   ○ ذَهَبُوا إِلَى الْحَلَّاقِ

فَاطِمَةُ وَزَيْنَبُ (هُمَا) ○   ○ أَمْسَكَتَا الْمِقَصَّ

الْأَوْلَادُ (هُمْ) ○   ○ كَنَسْنَ الْغُرَفَ

الْبَنَاتُ (هُنَّ) ○   ○ شَرَعَا فِي الْعَمَلِ

○ نَفَضَ الْمِيدَعَةَ

2 أَكْمِلُ الْجُمْلَةَ:

• هُمْ فَرَغُوا مِنْ عَمَلِهِمْ . وَمَا شَعَرُوا بِالتَّعَبِ .

• هُنَّ فَرَغْنَ مِنْ عَمَلِهِنَّ . وَمَا شَعَرْنَ بِالتَّعَبِ .

3 أُعَبِّرُ عَنِ الصُّورَةِ بِاسْتِعْمَالِ فِعْلٍ فِي الْمَاضِي مَنْفِيٍّ بِـ: مَا

‹ هُمْ مَا جَلَسُوا .

‹ هُنَّ مَا جَلَسْنَ .

رَسْمٌ

1 أَقْرَأُ وَأَنْتَبِهُ إِلَى نُطْقِ **ف** وَ **ث** فِي الْكَلِمَاتِ التَّالِيَةِ:

يَعْرِفُ - نَظِيفٌ - ثَبَّتَ - رُفُوفٌ - مُحَادَثَتِي

حُفَافَاتُ الشَّعْرِ - تَحْفَظُ - حَرِيفٌ - تَنَاثَرَ

2 أُكْمِلُ الْكَلِمَاتِ بِـ : **ف** ثُمَّ بِـ : **ث** وَ أَقْرَأُ:

وَ...يرٌ	...أْرٌ	حَرْ...	رَ...ٌّ
وَ...يرٌ	...أْرٌ	حَرْ...	رَ...ٌّ

3 أَكْتُبُ الِاسْمَ الْمُنَاسِبَ تَحْتَ الصُّورَةِ:

أَصْفَرُ

ثَلَاثَةٌ

مُثَلَّثٌ

ثَلْجٌ

إِمْلَاءٌ

تَعْبِيرٌ

1 أَتَأَمَّلُ الصُّوَرَ وَأُعَبِّرُ مُسْتَعْمِلاً : ... وَهُوَ ... / ... وَهِيَ ... / ... وَأَنَا ...

كَمَا فِي الْمِثَالِ:

شَرَعَ الْحَلاَّقُ يَقُصُّ شَعْرِي وَهُوَ يُحَادِثُنِي.

- .... وَهُوَ ....
- .... وَأَنَا ....
- .... وَهِيَ ....

2 أَقْرَأُ ثُمَّ أُكْمِلُ الْجُمَلَ بِمَا يُنَاسِبُ:

(أَعْبُرُ - أَنْظُرُ) - (تَرْسُمُ - تُنْشِدُ) - (رَحَّبَ - يَبْتَسِمُ)

- رَحَّبَ بِنَا الْحَلاَّقُ وَهُوَ يَبْتَسِمُ .
- شَرَعَتْ سَلْمَى تَرْسُمُ وَهِيَ تُنْشِدُ .
- كُنْتُ أَعْبُرُ وَأَنَا أَنْظُرُ يَمْنَةً وَيَسْرَةً.
- جَلَسَ الْحَرِيفُ يَنْتَظِرُ دَوْرَهُ وَهُوَ يَقْرَأُ جَرِيدَةً.

أُمِّـي

أَحْبَبْتُ نُـورَ الصَّبَـاحِ — فَكَـانَ قُـرْبُكِ أَحْبَبْ

وَجُلْتُ بَيْنَ الْبِطَـاحِ — فَكَانَ صَـدْرُكِ أَرْحَبْ

رَأَيْتُ فِيكِ حَيَـاتِـي — جَمِيلَةً وَ صِبَـايَـا

وَضَحْكَتِي وَسِمَاتِي — وَ بَهْجَتِي، وَ هَوَايَـا

فِي اللَّيْلِ أَنْتِ نُجُومِي — وَ فِي النَّهَـارِ نَشِيدِي

وَغِبْطَتِي وَنَعِيمِي — وَ فَرْحَتِي يَوْمَ عِيدِي

أَهْوَاكِ مِنْ كُلِّ رُوحِي — وَ مَا بِقَلْبِيَ أَكْثَرْ

يَا بَلْسَمًا لِجُرُوحِي — وَ زَوْرَقِي حِينَ أُبْحِرْ !

أَفْهَمُ مَعَانِيَ الْكَلِمَاتِ

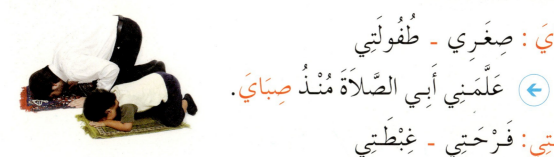

- صِبَايَ : صِغَرِي - طُفُولَتِي
- عَلَّمَنِي أَبِي الصَّلَاةَ مُنْذُ صِبَايَ.
- بَهْجَتِي : فَرْحَتِي - غِبْطَتِي
- نَسْتَقْبِلُ الْعِيدَ بِالْبَهْجَةِ وَالسُّرُورِ.
- بَلْسَمٌ : دَوَاءٌ شَافٍ
- الْعَسَلُ بَلْسَمٌ لِكَثِيرٍ مِنَ الْأَمْرَاضِ.

أُجِيبُ عَنِ السُّؤَالِ

- بِمَاذَا شَبَّهَ الْوَلَدُ أُمَّهُ؟

أُعَبِّرُ كَمَا فِي الْمِثَالِ

- أَحْبَبْتُ نُورَ الصَّبَاحِ، فَكَانَ قُرْبُكِ أَحَبَّ.
- تَسَابَقَ الْأَطْفَالُ، فَكَانَ أَحْمَدُ أَسْرَعَ.
- زُرْتُ بُلْدَانًا كَثِيرَةً، فَكَانَتْ بِلَادِي أَجْمَلَ.

أَسْتَفِيدُ مِنَ النَّصِّ

- أُمِّي تَرْعَانِي بِحُبِّهَا وَحَنَانِهَا.
- أُحِبُّ أُمِّي كَثِيرًا وَ أُطِيعُهَا.

أُنْشُودَةٌ

الْحَرِيقُ

أَقْرَأُ وَأَفْهَمُ

عُدْتُ يَوْمًا مِنَ الْمَدْرَسَةِ لِتَنَاوُلِ الْغَدَاءِ. فَرَأَيْتُ دُخَانًا كَثِيفًا يَتَصَاعَدُ مِنْ نَافِذَةِ مَنْزِلِ الْجِيرَانِ.

دَخَلْتُ بَيْتَنَا. وَأَخْبَرْتُ أُمِّي. فَأَسْرَعَتْ إِلَى الْهَاتِفِ. وَأَعْلَمَتْ مَرْكَزَ الْإِطْفَاءِ. وَمَا هِيَ إِلَّا لَحَظَاتٌ، حَتَّى أَقْبَلَتْ سَيَّارَاتٌ كَبِيرَةٌ حَمْرَاءُ وَهْيَ تُطْلِقُ صَفَّارَاتِ الْإِنْذَارِ...

تَوَقَّفَتِ السَّيَّارَاتُ أَمَامَ الْمَنْزِلِ، وَكَانَتِ النِّيرَانُ تَلْتَهِمُ نَوَاحِيهِ وَتُحَاصِرُ سُكَّانَهُ. فَنَصَبَ رِجَالُ الْمَطَافِئِ السَّلَالِمَ فَوْرَ وُصُولِهِمْ.

ثُمَّ جهَّزُوا خَرَاطِيمَ الْمَاءِ . وَوَجَّهُوهَا نَحْوَ أَلْسِنَةِ اللَّهَبِ . وَٱنْطَلَقَ فَرِيقٌ مِنْهُمْ بِكُلِّ شَجَاعَةٍ دَاخِلَ الْبَيْتِ لِإِنْقَاذِ ٱمْرَأَةٍ وَطِفْلِهَا كَانَا يَصِيحَانِ وَيَطْلُبَانِ النَّجْدَةَ . وَبَعْدَ جُهْدٍ وَتَعَبٍ ، اِنْطَفَأَ الْحَرِيقُ. وَخَرَجَ أَهْلُ الْبَيْتِ سَالِمِينَ . لَكِنَّ النَّارَ أَحْرَقَتْ كُلَّ شَيْءٍ، وَمَا تَرَكَتْ إِلَّا رَمَادًا وَسَوَادًا.

اِنْصَرَفَ رِجَالُ الْمَطَافِئِ . فَٱلْتَفَّ الْجِيرَانُ حَوْلَ أَهْلِ الْبَيْتِ يُوَاسُونَهُمْ وَيَعْرِضُونَ عَلَيْهِمُ الْمُسَاعَدَةَ. أَمَّا أَنَا، فَقَدْ تَنَاوَلْتُ غَدَائِي عَلَى عَجَلٍ. ثُمَّ رَجَعْتُ إِلَى الْمَدْرَسَةِ وَمَنْظَرُ الْحَرِيقِ لَا يُفَارِقُنِي.

- المؤلفون -

أَفْهَمُ مَعَانِي الْكَلِمَاتِ

- **تَلْتَهِمُ** : تَأْكُلُ بِشَرَاهَةٍ كَبِيرَةٍ - تَزْدَرِدُ
  - أَنَا لَا أَلْتَهِمُ الطَّعَامَ وَلَكِنْ آكُلُ بِتَأَنٍّ.
- **تُحَاصِرُهُمْ** : تُحِيطُ بِهِمْ مِنْ كُلِّ جَانِبٍ وَتَمْنَعُهُمْ مِنَ الْخُرُوجِ
  - حَاصَرَتْ مِيَاهُ الْأَمْطَارِ سُكَّانَ الْقَرْيَةِ.

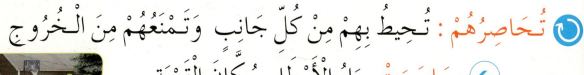

- **عَلَى عَجَلٍ** : بِسُرْعَةٍ
  - مَرِضَتْ أُخْتِي، فَحَمَلَهَا أَبِي إِلَى الْمُسْتَشْفَى عَلَى عَجَلٍ.

أُجيبُ عَنِ الْأَسْئِلَةِ

- مَـاذَا ٱسْتَعْمَلَ رِجَـالُ الْـمَطَـافِئِ لِإِخْمَـادِ الْـحَـرِيقِ؟
- مَـا الْأَعْمَالُ الَّتِي قَامَ بِهَا رِجَـالُ الْـمَطَـافِئِ؟
- مَـاذَا فَعَـلَ الْـجِيـرَانُ بَعْدَ ٱنْصِرَافِ رِجَـالِ الْـمَطَـافِئِ؟

أُعَبِّرُ كَمَا فِي الْمِثَالِ

- مَا هِيَ إِلاَّ لَـحَظَـاتٌ حَتَّى أَقْبَلَتْ سَيَّارَةُ الْإِطْـفَـاءِ.
- مَا هِيَ إِلاَّ سَاعَـةٌ حَتَّى أَحْرَقَتِ النَّـارُ كُلَّ شَيْءٍ فِـي الْبَيْتِ.

- مَا هِيَ إِلاَّ بُـرْهَـةٌ حَتَّى نَزَلَتِ الطَّـائِـرَةُ فِي الْـمَطَـارِ.

تَعْبِيرٌ أَحْفَظُهُ

- مَا تَـرَكَتِ النَّارُ وَرَاءَهَا إِلاَّ رَمَادًا وَسَوَادًا.

أَسْتَفِيدُ مِنَ النَّصِّ

- أَتَـجَنَّبُ مَا يُسَبِّبُ الْـحَـرِيـقَ فِي الْبَيْتِ أَوْ فِي مَكَـانٍ آخَـرَ.
- أَكُـونُ شُجَاعًـا لِإِنْقَـاذِ الْـمُحْتَـاجِينَ.

1 أَقْرَأُ النَّصَّ وَأَضَعُ عَلامَةَ X أَمامَ الْجُمْلَةِ الصَّحيحَةِ

أَوَّلُ عَمَلٍ قامَتْ بِهِ الْأُمُّ عِنْدَما أَعْلَمَها وَلَدُها بِالْحَريقِ:

- ذَهَبَتْ إِلى بَيْتِ الْجيرانِ. ☐
- أَعْلَمَتْ مَرْكَزَ الْمَطافِئِ ☒
- جَعَلَتْ تُنادي النّاسَ. ☐

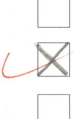

2 أَقْرَأُ النَّصَّ وَأَكْتُبُ عِباراتٍ تَدُلُّ عَلى قُوَّةِ الْحَريقِ

- فَرَأَيْتُ دُخانًا كَثيفًا.
- النّيرانُ تَلْتَهِمُ نَواحيهِ.
- نَحْوَ أَلْسِنَةِ اللَّهَبِ.

3 أُرَتِّبُ الْأَعْمالَ الَّتي قامَ بِها رِجالُ الْمَطافِئِ مِنْ 1 إِلى 4

(4) أَنْقَذوا الْمَرْأَةَ وَطِفْلَها.

(2) جَهَّزوا خَراطيمَ الْمِياهِ.

(1) نَصَبوا السَّلالِمَ.

(3) أَطْفَأوا الْحَريقَ.

نَحْوٌ

الْمُفْرَدُ وَالْمُثَنَّى وَالْجَمْعُ

1 أَضَعُ كُلَّ عِبَارَةٍ فِي مَكَانِهَا مِنَ الْجَدْوَلِ:

سَيَّارَةُ الْإِطْفَاءِ - الْجِيرَانُ - رِجَالُ الْمَطَافِئِ - سَيَّارَتَانِ - رَجُلٌ - طِفْلَانِ - أُمِّي

1 مُفْرَدٌ	سَيَّارَةُ الْإِطْفَاءِ، رَجُلٌ، أُمِّي
2 مُثَنًّى	سَيَّارَتَانِ، طِفْلَانِ،
3 جَمْعٌ	الْجِيرَانُ، رِجَالُ الْمَطَافِئِ،

2 أُكْمِلُ الْجَدْوَلَ بِمَا يُنَاسِبُ:

مُفْرَدٌ	مُثَنًّى	جَمْعٌ
يَوْمٌ	يَوْمَيْنِ	أَيَّامٌ
شَهْرَانِ	شَهْرَانِ	شُهُورٌ
سَاعَةٌ	سَاعَتَيْنِ	سَاعَةٌ
لَاعِبُونَ	لَاعِبَانِ	لَاعِبُونَ

3 أُعَبِّرُ عَنِ الصُّورَةِ التَّالِيَةِ بِاسْتِعْمَالِ اسْمٍ مُفْرَدٍ ثُمَّ اسْمِ جَمْعٍ:

- ....
- ....

تدريبات

رسم

1 أَقْرَأُ الْفِقْرَةَ الْأَخِيرَةَ مِنَ النَّصِّ وَأَكْتُبُ الْكَلِمَاتِ الَّتِي فِيهَا مَدٌّ فِي الْجَدْوَلِ:

ا	و	يـ	ي

2 أُحَوِّلُ الْأَفْعَالَ مِنَ الْمَاضِي إِلَى الْمُضَارِعِ كَمَا فِي الْمِثَالِ:

عَادَ / يَعُودُ	صَاحَ / يَصِيحُ	رَمَى / يَرْمِي
مَاتَ / يَمُوتُ	مَالَ / يَمِيلُ	بَكَى / يَبْكِي
قَالَ / يَقُولُ	سَالَ / يَسِيلُ	جَرَى / يَجْرِي

3 أَكْتُبُ جَمْعَ الْكَلِمَاتِ التَّالِيَةِ كَمَا فِي الْمِثَالِ:

مِفْتَاحٌ	مِعْلَاقٌ	مِصْبَاحٌ	مِسْمَارٌ
مَفَاتِيحُ	مَعَالِيقُ	مَصَابِيحُ	مَسَامِيرُ

إِمْلَاءٌ

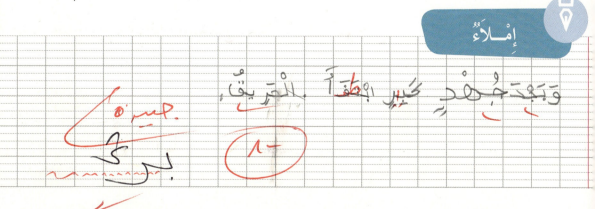

تَعبيرٌ

1 أَتَأَمَّلُ الصُّوَرَ وَأُعَبِّرُ كَمَا فِي المِثَالِ:

مَا هِيَ إِلَّا لَحَظَاتٌ حَتَّى أَقْبَلَتْ سَيَّارَةُ الْإِطْفَاءِ

‹ مَا هِيَ إِلَّا .... حَتَّى ....
‹ مَا هِيَ إِلَّا .... حَتَّى ....
‹ مَا هِيَ إِلَّا .... حَتَّى ....

2 أُكْمِلُ الْجُمَلَ مُسْتَعِينًا بِالْكَلِمَاتِ الْآتِيَةِ:

الْإِطْفَاءِ ـ بِسُرْعَةٍ ـ حَتَّى ـ أَلْسِنَةِ اللَّهَبِ ـ الْحَرِيقُ ـ الْمَدَنِيَّةِ ـ إِلَّا

‹ أَعْلَمَتْ أُمِّي مَرْكَزَ الْحِمَايَةِ الْمَدَنِيَّةِ. وَمَا هِيَ إِلَّا لَحَظَاتٌ حَتَّى أَقْبَلَتْ سَيَّارَاتُ الْإِطْفَاءِ.

‹ قَدِمَ رِجَالُ الْمَطَافِي بِسُرْعَةٍ. وَوَجَّهُوا خَرَاطِيمَ الْمَاءِ نَحْوَ أَلْسِنَةِ اللَّهَبِ وَ مَا هِيَ إِلَّا سَاعَةٌ حَتَّى انْطَفَأَ الْحَرِيقُ

خَيْبَةُ صَيَّادٍ

أَقْرَأُ وَأَفْهَمُ

اِشْتَاقَتْ نَفْسِي إِلَى الصَّيْدِ، فَحَمَلْتُ بُنْدُقِيَّتِي وَجِرَابِي، وَقَصَدْتُ الْغَابَةَ. وَعِنْدَمَا وَصَلْتُ، أَخَذْتُ أَمْشِي بَيْنَ الْأَشْجَارِ، أَقْتَفِي آثَارَ الْحَيَوَانَاتِ.

ظَلَلْتُ أَطُوفُ فِي أَرْجَاءِ الْغَابَةِ سَاعَاتٍ ... تَارَةً أَتْبَعُ أَثَرًا، وَطَوْرًا أُحَدِّقُ دَاخِلَ جُحْرٍ... آهٍ، لَقَدْ تَعِبْتُ وَمَلَلْتُ! لَكِنْ مَا الْعَمَلُ؟ هَلْ أَعُودُ صِفْرَ الْيَدَيْنِ؟ لَا، أَبَدًا!

وَبَيْنَمَا أَنَا عَلَى تِلْكَ الْحَالِ، إِذْ بِرَجُلٍ يَمُرُّ بِالْقُرْبِ مِنِّي وَهُوَ يُمْسِكُ

أَرْنَبًا... قُلْتُ فِي نَفْسِي: لَقَدْ ذَهَبَتِ الْحَيْرَةُ، سَأَشْتَرِي الْأَرْنَبَ، وَأُطْلِقُ عَلَيْهِ ٱلنَّارَ...

أَخَذْتُ الأَرْنَبَ، فَرَبَطْتُهُ بِحَبْلٍ، وَعَلَّقْتُهُ بِغُصْنِ شَجَرَةٍ، ثُمَّ صَوَّبْتُ نَحْوَهُ الْبُنْدُقِيَّةَ... لَكِنْ، يَا لَخَيْبَتِي! لَقَدْ أَصَابَتِ الطَّلْقَةُ الْحَبْلَ ... فَأَفْلَتَ الْأَرْنَبُ وَ ٱخْتَفَى فِي الْغَابَةِ...

أَفْهَمُ مَعَانِي الْكَلِمَاتِ

- آثَارُ: عَلَامَاتُ - مَا يَبْقَى مِنَ الشَّيْءِ بَعْدَ زَوَالِهِ.
  - رَأَيْتُ عَلَى رِمَالِ الشَّاطِئِ آثَارَ أَقْدَامِ أَطْفَالٍ.

- الْأَرْجَاءُ: النَّوَاحِي - الْأَنْحَاءُ
  - تَمْلَأُ الشَّمْسُ أَرْجَاءَ الْأَرْضِ بِنُورِهَا.

- صَوَّبْتُ: وَجَّهْتُ
  - صَوَّبَ اللَّاعِبُ الْكُرَةَ نَحْوَ الْمَرْمَى.
- أَفْلَتَ: هَرَبَ فَجْأَةً وَنَجَا
  - فَتَحْتُ الْقَفَصَ فَأَفْلَتَ الْعُصْفُورُ.

أُجِيبُ عَنِ الْأَسْئِلَةِ

- مَا الْأَدَوَاتُ الَّتِي حَمَلَهَا الرَّجُلُ مَعَهُ لِيَصْطَادَ؟
- تَعِبَ الصَّيَّادُ وَمَلَّ. مَا سَبَبُ ذَلِكَ؟
- كَيْفَ ذَهَبَتْ حَيْرَةُ الرَّجُلِ؟
- لِمَاذَا لَمْ تَنْجَحْ حِيلَةُ الصَّيَّادِ؟

أُعَبِّرُ كَمَا فِي الْمِثَالِ

- كُنْتُ فِي الْغَابَةِ تَارَةً أَتْبَعُ أَثَرًا، وَطَوْرًا أُحَدِّقُ دَاخِلَ جُحْرٍ.
- كَانَ التَّلَامِيذُ فِي الْقِسْمِ تَارَةً يَقْرَؤُونَ، وَطَوْرًا يَكْتُبُونَ.
- فِي الْقِطَارِ، كَانَ أَبِي تَارَةً يَتَحَدَّثُ إِلَيْنَا، وَطَوْرًا يَقْرَأُ صَحِيفَةً.

تَعْبِيرٌ أَحْفَظُهُ

ظَلَلْتُ أَطُوفُ فِي أَرْجَاءِ الْغَابَةِ سَاعَاتٍ.

أَسْتَفِيدُ مِنَ النَّصِّ

- أَتَعَلَّمُ الرِّمَايَةَ لِأَكُونَ صَيَّادًا مَاهِرًا.
- أَجْتَهِدُ لِأُحَقِّقَ هَدَفِي، وَلَا أَخْجَلُ مِنَ الْخَيْبَةِ.

تدريبات

1 أَكْتُبُ أَسْمَاءَ الْأَشْيَاءِ الَّتِي أَخَذَهَا الصَّيَّادُ مَعَهُ

- بُنْدُقِيَّتِي
- جِرَابِي

2 أُعَوِّضُ الْكَلِمَةَ الْمُسَطَّرَةَ بِمَا يُرَادِفُهَا فِي النَّصِّ وَأَكْتُبُ الْجُمْلَةَ

- <u>أَفْلَتَ</u> الْأَرْنَبُ وَاخْتَفَى فِي الْغَابَةِ.
- هَرَبَ الْأَرْنَبُ وَاخْتَفَى فِي الْغَابَةِ.

- أَمْشِي بَيْنَ الْأَشْجَارِ <u>أَقْتَفِي</u> آثَارَ الْحَيَوَانَاتِ.
- أَمْشِي بَيْنَ الْأَشْجَارِ أَتْبَعُ آثَارَ الْحَيَوَانَاتِ.

- ظَلَلْتُ أَطُوفُ فِي <u>أَرْجَاءِ</u> الْغَابَةِ سَاعَاتٍ.
- ظَلَلْتُ أَدُورُ فِي أَنْحَاءِ الْغَابَةِ سَاعَاتٍ.

3 أَقْرَأُ النَّصَّ وَأَضَعُ عَلَامَةَ ❌ أَمَامَ الْجَوَابِ الصَّحِيحِ

أَحَسَّ الصَّيَّادُ فِي الْغَابَةِ:
- ☐ بِالْجُوعِ.
- ☒ بِالتَّعَبِ.
- ☐ بِالْعَطَشِ.
- ☒ بِالْمَلَلِ.

تَصْرِيفٌ

الْفِعْلُ الْمَاضِي مُثْبَتًا وَمَنْفِيًّا مَعَ ضَمَائِرِ الْخِطَابِ

1 أَقْرَأُ ثُمَّ أُحَوِّلُ مَعَ الضَّمِيرِ الْمُنَاسِبِ:

- يَا أَحْمَدُ ، أَنْتَ بَحَثْتَ عَنْ أَرْنَبٍ . لَكِنْ مَا عَثَرْتَ عَلَى شَيْءٍ.
- يَا زَيْنَبُ ، أَنْتِ بَحَثْتِ عَنْ أَرْنَبٍ . لَكِنْ مَا عَثَرْتِ عَلَى شَيْءٍ.
- يَا أَحْمَدُ وَيَا زَيْنَبُ ، أَنْتُمَا بَحَثْتُمَا عَنْ أَرْنَبٍ . لَكِنْ مَا عَثَرْتُمَا عَلَى شَيْءٍ.

2 أَخْتَارُ الْفِعْلَ الْمُنَاسِبَ وَأَشْطُبُ الْخَطَأَ:

أَنْتُمْ (صَوَّبْتُمْ / ~~صَوَّبْتُنَّ~~) الْبُنْدُقِيَّةَ نَحْوَ الْأَرْنَبِ.

أَنْتُنَّ (~~رَجَعْتُمْ~~ / رَجَعْتُنَّ) إِلَى الْبَيْتِ دُونَ صَيْدٍ.

3 أُعَبِّرُ عَنِ الصُّورَتَيْنِ مُخَاطِبًا طِفْلًا ثُمَّ بِنْتًا فِي الْمَاضِي:

- أَنْتَ سَمِعْتَ .

- أَنْتِ سَمِعْتِ .

تدريبات

✏️ رسم

1 أَضَعُ الْأَسْمَاءَ فِي دَائِرَةٍ وَأُسَطِّرُ تَحْتَ الْأَفْعَالِ:

إِلَى - رَمَى - اِخْتَفَى - مُرْتَضَى - ضُحَى

عَلَى - هُدَى - بُشْرَى - اِشْتَرَى - جَرَى

2 أُحَوِّلُ الْأَفْعَالَ مِنَ الْمُضَارِعِ إِلَى الْمَاضِي كَمَا فِي الْمِثَالِ:

يَمْشِي	يَقْلِي	يَشْوِي	يَكْوِي
....	....	....	كَوَى

3 أَكْتُبُ اسْمَ النَّبِيِّ الْمُنَاسِبَ:

يُلْقِي عَصَاهُ فَتَصِيرُ حَيَّةً: .... عَلَيْهِ السَّلَامُ.

يَشْفِي الْمَرْضَى بِإِذْنِ اللهِ: .... عَلَيْهِ السَّلَامُ.

اِسْمُهُ مُحَمَّدٌ وَكَذَلِكَ: .... ﷺ.

✏️ إِمْلَاءٌ

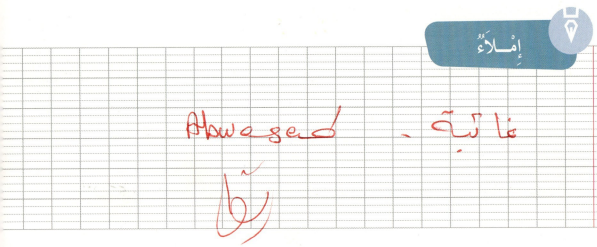

تَعْبِيرٌ

1 أَتَأَمَّلُ الصُّوَرَ وَأُعَبِّرُ كَمَا فِي الْمِثَالِ:

كَانَ الْأَرْنَبُ تَارَةً يَجْرِي وَطَوْرًا يَخْتَفِي بَيْنَ الْأَعْشَابِ.

تَارَةً .... وَطَوْرًا .... تَارَةً .... وَطَوْرًا ....

....

2 أُكْمِلُ الْجُمَلَ التَّالِيَةَ:

أ ـ مِنَ النَّصِّ:

كُنْتُ فِي الْغَابَةِ:

◀ تَارَةً .... وَطَوْرًا ....

ب ـ بِمَا يُنَاسِبُ:

الصَّيَّادُ فِي الْبَحْرِ:

◀ تَارَةً يَرْمِي .... وَطَوْرًا ....

الْفَارِسُ الصَّغِيرُ

أَقْرَأُ وَأَفْهَمُ

كَانَ بِلَالٌ يُحِبُّ الْخَيْلَ كَثِيرًا... يَهْتَمُّ بِأَخْبَارِهَا، وَيَجْمَعُ صُوَرَهَا... وَكَانَ يَتَدَرَّبُ عَلَى رُكُوبِهَا فِي نَادٍ لِلْفُرُوسِيَّةِ.

ظَهَرَ بِلَالٌ ذَاتَ مَرَّةٍ فِي التِّلْفَازِ أَثْنَاءَ حِصَّةِ التَّدْرِيبِ، فَشَاهَدَهُ أَصْحَابُهُ... وَفِي الْمَدْرَسَةِ، الْتَفُّوا حَوْلَهُ وَعَبَّرُوا لَهُ عَنْ إِعْجَابِهِمْ...

قَالَ أَحْمَدُ: أَنْتَ فَارِسٌ مَاهِرٌ يَا بِلَالُ! لَقَدْ كُنْتَ بِلِبَاسِكَ ذَاكَ أَنِيقًا جِدًّا.

ـ نَبِيلٌ: نَعَمْ، صَدَقَ أَحْمَدُ! وَحِصَانُكَ كَانَ يَعْدُو بِسُرْعَةٍ وَسَطَ

الْـمَيْـدَانِ!

- أَيْـمَنُ: أَنـا أَعْجَبَتْنِي كَثِيـرًا قَفْـزَةُ الْـحِصَـانِ عَلَى الْـحَاجِـزِ الْـمَـائِيِّ. لَكِنَّكَ كِدْتَ تَسْقُطُ، أَلَيْسَ كَذَلِكَ؟

- بِـلَالٌ: نَعَمْ يَـا أَيْـمَنُ. كَـادَتْ رِجْلِي تُـفْلِتُ مِنَ الرِّكَـابِ.

- أَيْـمَنُ: وَمَـاذَا فَعَلْتَ إِذًا؟

- بِـلَالٌ: أَمْسَكْتُ اللِّـجَـامَ بِقُـوَّةٍ، وَثَـبَتُّ عَلَى السَّـرْجِ. هَكَـذَا عَلَّمَنِي مُدَرِّبِـي.

وَفِي الْأُسْبُوعِ التَّـالِي، وَجَـدَ بِلَالٌ صَدِيقَهُ أَحْمَدَ مَعَ أُخْتِـهِ هُدَى فِي النَّـادِي.. قَدِمَـا لِيَتَعَلَّمَـا رُكُـوبَ الْـخَيْـلِ.

- المؤلفون -

أَفْهَمُ مَعَانِيَ الْكَلِمَاتِ

- **يَتَدَرَّبُ** : يَتَمَـرَّنُ
  - **يَتَدَرَّبُ** صَدِيقِي عَلَى الْـحَاسُـوبِ.
- **اِلْتَفُّوا حَوْلَهُ** : تَـجَمَّعُوا حَـوْلَـهُ - أَحَاطُوا بِهِ.
  - **اِلْتَفَّ** الْأَطْـفَـالُ **حَـوْلَ** الْـجَدِّ.

- **مَـاهِـرٌ** : يُحْسِنُ مَا يَعْمَلُهُ - حَـاذِقٌ - مُـجِيدٌ
  - جَـارُنَـا أَحْـمَـدُ نَـجَّـارٌ **مَـاهِـرٌ**.
- **حَـاجِـزٌ** : مَـانِعٌ يَصْعُبُ أَنْ نَـجْتَـازَهُ - **عَـائِقٌ**
  - يَـقْفِـزُ الْـحِصَـانُ عَلَى **الْـحَاجِـزِ**.

أُجِيبُ عَنِ الْأَسْئِلَةِ

- مَا الَّذِي يَدُلُّ عَلَى أَنَّ بِلَالًا يُحِبُّ الْخَيْلَ كَثِيرًا؟
- حِصَانُ بِلَالٍ حَسَنُ التَّدْرِيبِ. كَيْفَ تَفْهَمُ ذَلِكَ؟
- بِلَالٌ فَارِسٌ مَاهِرٌ. لِمَاذَا؟

أُعَبِّرُ كَمَا فِي الْمِثَالِ

- قَدِمَ أَحْمَدُ وَهُدَى لِيَتَعَلَّمَا رُكُوبَ الْخَيْلِ.
- أَمْسَكَ بِلَالٌ اللِّجَامَ بِقُوَّةٍ لِيَتَجَنَّبَ السُّقُوطَ.
- ذَهَبْنَا إِلَى الْمَسْجِدِ لِنُصَلِّيَ صَلَاةَ الْجُمُعَةِ.

تَعْبِيرٌ أَحْفَظُهُ

💬 **لَقَدْ كُنْتَ بِلِبَاسِكَ ذَاكَ أَنِيقًا جِدًّا.**

أَسْتَفِيدُ مِنَ النَّصِّ

- رُكُوبُ الْخَيْلِ رِيَاضَةٌ مُفِيدَةٌ.
- أَعْمَلُ بِنَصَائِحِ مَنْ يُعَلِّمُنِي.
- ﴿ عَلِّمُوا أَوْلَادَكُمُ السِّبَاحَةَ وَ الرِّمَايَةَ وَ رُكُوبَ الْخَيْلِ ﴾ حديث شريف

تَدْرِيبَاتٌ

1 أَقْرَأُ النَّصَّ وَأَضَعُ عَلامَةَ X أَمامَ الْجُمْلَةِ الصَّحِيحَة

أُعْجِبَ الأَطْفالُ بِصَدِيقِهِمْ بِلالٍ :

- [x] لِأَنَّهُ ماهِرٌ فِي رُكُوبِ الْخَيْلِ.
- [x] لِأَنَّهُ ظَهَرَ فِي التِّلْفازِ.
- [x] لِأَنَّهُ يُحِبُّ الْخَيْلَ كَثِيرًا.

2 أَقْرَأُ ثُمَّ أَشْطُبُ ما لا يَنْتَمِي إِلَى رُكُوبِ الْخَيْلِ

مَيْدانٌ - ~~تِلْفازٌ~~ - لِجامٌ - سَرْجٌ - زِيٌّ

صُوَرٌ - رِكابٌ - ~~أُسْبُوعٌ~~ - حِصانٌ - حاجِزٌ

3 أَقْرَأُ النَّصَّ ثُمَّ أَكْتُبُ اسْمَ مَنْ قامَ بِالْعَمَلِ

- الحِصانُ كانَ يَعْدُو بِسُرْعَةٍ.
- أَيْمَنُ أَعْجَبَتْهُ قَفْزَةُ الْحِصانِ.
- أَحْمَدُ رَأَى بِلالًا أَنِيقًا بِلِباسِ الْفارِسِ.
- أَحْمَدُ وَهُدَى قَدِما لِيَتَعَلَّما رُكُوبَ الْخَيْلِ.
- بِلالٌ أَمْسَكَ اللِّجامَ بِقُوَّةٍ.

نَحْوٌ

الْجُمْلَةُ الْفِعْلِيَّةُ : فِعْلٌ وَفَاعِلٌ

1 أَكْتُبُ الْفَاعِلَ الْمُنَاسِبَ لِكُلِّ فِعْلٍ :

الْفِعْلُ	تَقْفِزُ	يَقْفِزُ	يَسْبَحُ	تَسْبَحُ
الْفَاعِلُ	يقفز	تقفز	يسبح	يسبح

2 أَجْعَلُ الْفَاعِلَ مُؤَنَّثًا وَأُغَيِّرُ مَا يَجِبُ تَغْيِيرُهُ :

فَرِحَ الْمُدَرِّبُ	يَصِيحُ اللَّاعِبُ	قَدِمَ أَحْمَدُ
فرح المدربت	يصيح اللاعبت	قدم أمينة

3 أُعَبِّرُ عَنْ كُلِّ صُورَةٍ بِٱسْتِعْمَالِ : فِعْلٍ + فَاعِلٍ

....

تقرأ البنت .

تَدْرِيبَاتٌ

رَسْمٌ

1 أَسْتَمِعُ وَأَشْكُلُ أَوَاخِرَ الْكَلِمَاتِ الْمُسَطَّرَةِ:

بِلَال فَارِس مَاهِر ، كَانَ حِصَانُهُ يَعْدُو بِسُرْعَة كَبِيرَة.

كَادَ بِلَال أَنْ يَسْقُطَ لَكِنَّهُ أَمْسَكَ اللِّجَامَ بِقُوَّة.

2 أُغَيِّرُ الْجُمْلَةَ كَمَا فِي الْمِثَالِ: زَارَنَا الضُّيُوفُ ← زَارَنَا ضُيُوفٌ

أَسْقَطَنِي الْحِصَانُ السَّرِيعُ. ← أَسْقَطَنِي..........

اِلْتَفَّ الرِّجَالُ حَوْلَ الْفَارِسِ الصَّغِيرِ.

← اِلْتَفَّ .... حَوْلَ ....

3 أَضَعُ الْكَلِمَةَ الْمُنَاسِبَةَ فِي مَكَانِهَا ثُمَّ أَشْكُلُ آخِرَهَا : مُنْتَزَه - أَلْعَاب - بُحَيْرَة - حَدِيقَة

- لَعِبْنَا فِي .... جَمِيلَةٍ .
- أَسْكُنُ قُرْبَ .... فِيهِ .... مُتَنَوِّعَةٌ.
- فِي قَرْيَتِنَا .... أَسْبَحُ فِيهَا كَثِيرًا.

إِمْلَاءٌ

تَعْبِيرٌ

1 أَتَأَمَّلُ الصُّوَرَ وَأُعَبِّرُ كَمَا فِي الْمِثَالِ:

> ذَهَبَ سَامِي إِلَى النَّادِي لِيُشَجِّعَ صَدِيقَهُ.

> لِ............ > لِ............ > لِ............

2 أُكْمِلُ بِمَا يُنَاسِبُ:

> قَدِمَ أَحْمَدُ إِلَى النَّادِي لِ............ رُكُوبَ الْخَيْلِ.
> .... لِيُصَلِّيَ الظُّهْرَ.
> دَخَلَتْ أُمِّي الْمَطْبَخَ لِ............ .
> دَخَلْتُ غُرْفَتِي لِ............ .

الشِّتَاءُ

أُنْظُرْ إِلَى السَّمَاءِ   مُسْوَدَّةَ الْأَنْحَاءِ

بِالسُّحُبِ السَّوْدَاءِ

الْجَوُّ مِنْهَا أَسْوَدُ   وَمُبْرِقٌ وَمُرْعِدُ

كَأَنَّهُ يُهَدِّدُ

فَالرِّيحُ فِيهِ تَعْصِفُ   وَ الصَّاعِقَاتُ تَقْصِفُ

وَفِعْلُهَا لاَ يُوصَفُ

وَبَعْدَ أَنْ سَحَّ الْمَطَرْ   وَسَالَ مَاءُ فِي النَّهَرْ

وَانْقَشَعَ الْغَيْمُ وَمَرّ

غَرَّدَتِ الْأَطْيَارُ   وَ فَاحَتِ الْأَزْهَارُ

وَابْتَسَمَ النَّهَارُ

أَفْهَمُ مَعانِيَ الْكَلِماتِ

الْأَنْحاءُ : جَمْعُ ناحِيَةٍ : جانِبُ - جِهَةُ

نَزَلَ الْمَطَرُ فِي كُلِّ أَنْحاءِ الْبِلادِ.

غَرَّدَتْ : غَنَّتْ بِصَوْتٍ مُرْتَفِعٍ مُطْرِبٍ

تُغَرِّدُ الطُّيُورُ فَرْحانَةً بِالنُّورِ.

سَحَّ الْمَطَرُ: نَزَلَ بِغَزارَةٍ . سَحَّ الْمَطَرُ فَفاضَتْ مِياهُ النَّهْرِ.

اِنْقَشَعَ الْغَيْمُ : تَفَرَّقَ السَّحابُ وَزالَ .

اِنْقَشَعَ الْغَيْمُ فَظَهَرَتِ الشَّمْسُ بِنُورِها الْجَمِيلِ.

أُجِيبُ عَنِ السُّؤالِ

- مَا الَّذِي يَجْعَلُ الْجَوَّ مُخِيفًا فِي الشِّتاءِ ؟

أُعَبِّرُ كَما فِي الْمِثالِ

- بَعْدَ أَنْ سَحَّ الْمَطَرُ، سالَ الْماءُ فِي النَّهْرِ.
- بَعْدَ أَنِ انْقَشَعَ السَّحابُ، اِبْتَسَمَ النَّهارُ.
- بَعْدَ أَنْ حَطَّتِ الطّائِرَةُ، نَزَلَ الْمُسافِرُونَ.

أَسْتَفِيدُ مِنَ النَّصِّ

- الْمُسْلِمُ يَرَى قُدْرَةَ اللَّهِ فِي غَضَبِ الطَّبِيعَةِ.
- الْماءُ ضَرُورِيٌّ لِحَياةِ الْمَخْلُوقاتِ جَمِيعًا.

الْحَمَامَةُ الْمُطَوَّقَةُ (1)

أَقْرَأُ وَأَفْهَمُ

كَانَ غُرَابٌ يَسْكُنُ شَجَرَةً كَثِيرَةَ الْأَغْصَانِ مُلْتَفَّةَ الْأَوْرَاقِ. وَذَاتَ يَوْمٍ، بَيْنَمَا كَانَ فِي عُشِّهِ، أَبْصَرَ صَيَّادًا يَحْمِلُ شَبَكَةً وَفِي يَدِهِ عَصًا، قَادِمًا نَحْوَ الشَّجَرَةِ. فَذُعِرَ وَقَالَ: سَأَنْظُرُ مَاذَا يَصْنَعُ هَذَا الرَّجُلُ.

نَصَبَ الصَّيَّادُ شَبَكَتَهُ، وَنَثَرَ عَلَيْهَا الْحَبَّ، ثُمَّ اخْتَفَى غَيْرَ بَعِيدٍ، وَبَقِيَ يَنْظُرُ... مَرَّتْ حَمَامَةٌ يُقَالُ لَهَا: " الْمُطَوَّقَةُ " وَمَعَهَا حَمَامٌ كَثِيرٌ، وَكَانَتْ هِيَ سَيِّدَةَ الْحَمَامِ. فَنَزَلَتْ وَمَنْ مَعَهَا عَلَى الْحَبِّ تَلْتَقِطُهُ، فَوَقَعَتْ كُلُّهَا فِي الشَّبَكَةِ.

أَقْبَلَ الصَّيَّادُ نَحْوَهَا فَرِحًا مَسْرُورًا. فَخَافَتِ الْحَمَائِمُ، وَجَعَلَتْ تَتَخَبَّطُ... كُلُّ وَاحِدَةٍ تُرِيدُ النَّجَاةَ لِنَفْسِهَا دُونَ أَنْ تُفَكِّرَ فِي أَخَوَاتِهَا.

قَالَتِ الْمُطَوَّقَةُ: لاَ يَصْلُحُ مِنَّا هَذَا الصَّنِيعُ! وَلَكِنْ هَيَّا نَتَعَاوَنْ، فَنَقْلَعَ الشَّبَكَةَ وَنَنْجُوَ جَمِيعًا...

اِنْتَفَضَتِ الْحَمَائِمُ كُلُّهَا مَعًا وَطَارَتْ بِالشَّبَكَةِ فِي الْجَوِّ... وَأَخَذَ الصَّيَّادُ يَتْبَعُ الْحَمَامَاتِ حَتَّى ٱبْتَعَدَتْ عَنِ الْغَابَةِ، وَٱخْتَفَتْ وَرَاءَ الْبُنْيَانِ. فَيَئِسَ مِنْهَا وَٱنْصَرَفَ...

- عن كليلة ودمنة - (بتصرّف)

أَفْهَمُ مَعَانِي الْكَلِمَات

- **ذُعِرَ** : خَافَ خَوْفًا شَدِيدًا
  - ذُعِرَتِ الْبِنْتُ لَمَّا سَمِعَتِ الْأَسَدَ يَزْأَرُ.
- **الصَّنِيعُ** : الْعَمَلُ - السُّلُوكُ
  - زُرْتُ صَدِيقِي الْمَرِيضَ، فَشَكَرَ لِي أَبِي هَذَا الصَّنِيعَ.

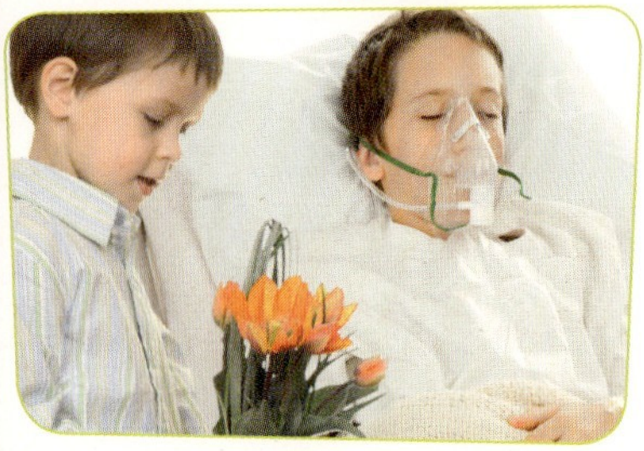

- **اِنْتَفَضَتْ** : تَحَرَّكَتْ وَاهْتَزَّتْ بِقُوَّةٍ
  - ذَبَحَ أَبِي كَبْشَ الْعِيدِ فَجَعَلَ يَنْتَفِضُ.
- **يَئِسَ** : فَقَدَ الْأَمَلَ
  - تَحَطَّمَتِ السَّفِينَةُ فِي الْبَحْرِ فَيَئِسَ الرُّكَّابُ مِنَ النَّجَاةِ.

أُجِيبُ عَنِ الْأَسْئِلَةِ

- أُذْكُرِ الْأَعْمَالَ الَّتِي قَامَ بِهَا الصَّيَّادُ.
- مَا الْعَمَلُ الَّذِي لَمْ يُعْجِبِ "الْمُطَوَّقَةَ"؟
- كَيْفَ ٱسْتَطَاعَتِ الْحَمَائِمُ أَنْ تَطِيرَ بِالشَّبَكَةِ؟

أُعَبِّرُ كَمَا فِي الْمِثَالِ

- بَيْنَمَا كَانَ الْغُرَابُ فِي عُشِّهِ، أَبْصَرَ صَيَّادًا قَادِمًا.
- بَيْنَمَا كَانَتِ الْحَمَائِمُ فِي الشَّبَكَةِ، أَقْبَلَ نَحْوَهَا الصَّيَّادُ فَرِحًا.
- بَيْنَمَا كُنْتُ أُشَاهِدُ التِّلْفَازَ، سَمِعْتُ طَرْقًا عَلَى الْبَابِ.

تَعْبِيرٌ أَحْفَظُهُ

لَا يَصْلُحُ مِنَّا هَذَا الصَّنِيعُ، وَلَكِنْ هَيَّا نَتَعَاوَنْ!

أَسْتَفِيدُ مِنَ النَّصِّ

- أَتَعَاوَنُ مَعَ إِخْوَانِي.
- فِي الِاتِّحَادِ قُوَّةٌ، وَفِي التَّفَرُّقِ ضُعْفٌ.

تدريبات

1 أُعَوِّضُ الْكَلِمَةَ الْمُسَطَّرَةَ بِمَا يُرَادِفُهَا فِي النَّصِّ وَ أَكْتُبُ الْجُمْلَةَ

◂ <u>خَافَ</u> الْغُرَابُ لَمَّا رَأَى الصَّيَّادَ.

....

◂ <u>اِهْتَزَّتِ</u> الْحَمَائِمُ فِي الشَّبَكَةِ.

....

◂ قَالَتِ الْمُطَوَّقَةُ : لَا يَصْلُحُ مِنَّا هَذَا <u>الْعَمَلُ</u>!

....

2 أُرَتِّبُ الْكَلِمَاتِ لِأَعْرِفَ الْجَوَابَ — مَاذَا قَالَتِ الْمُطَوَّقَةُ لِصَاحِبَاتِهَا؟

وَنَنْجُوَ! - فَنَقْلَعَ - جَمِيعًا - هَيَّا - الشَّبَكَةَ - نَتَعَاوَنْ

3 أَقْرَأُ النَّصَّ وَأَضَعُ عَلَامَةَ (X) أَمَامَ الْجَوَابِ الصَّحِيحِ

اِنْصَرَفَ الصَّيَّادُ :

☐ لِأَنَّهُ تَعِبَ.
☐ لِأَنَّهُ يَئِسَ مِنَ الْحَمَائِمِ.
☐ لِأَنَّهُ خَافَ.

تَصْرِيفُ الْفِعْلُ الْمُضَارِعُ مَعَ : أَنَا - نَحْنُ - أَنْتَ - هُوَ - هِيَ

1 أُضِيفُ حَرْفَ الْمُضَارَعَةِ الْمُنَاسِبَ:

أَنَا أَبْحَثُ	أَنَا أُسْرِعُ
نَحْنُ .... ـبْحَثُ	نَحْنُ .... ـسْرِعُ
هُوَ .... ـبْحَثُ	هُوَ .... ـسْرِعُ
هِيَ .... ـبْحَثُ	هِيَ .... ـسْرِعُ
أَنْتَ .... ـبْحَثُ	أَنْتَ .... ـسْرِعُ

2 أَضَعُ الضَّمِيرَ الْمُنَاسِبَ :

- .... نَتَعَاوَنُ .
- .... أَنْثُرُ الْحَبَّ.
- .... تَفْرَحُ .
- .... يَبْتَعِدُ .

3 أُعَبِّرُ عَنِ الصُّورَةِ التَّالِيَةِ بِاسْتِعْمَالِ فِعْلٍ :

هِيَ ....

رَسْمٌ

1 أَقْرَأُ وَأُسَطِّرُ تَحْتَ الْكَلِمَاتِ الَّتِي بِهَا تَنْوِينُ الْفَتْحِ : ـًا / ـً .

كَانَ غُرَابٌ يَسْكُنُ شَجَرَةً عَالِيَةً. أَبْصَرَ يَوْمًا صَيَّادًا قَادِمًا يَحْمِلُ شَبَكَةً فَذُعِرَ.

أُنْظُرْ إِلَى الْكَلِمَاتِ الْمُسَطَّرَةِ . مَاذَا تُلَاحِظُ ؟ مَتَى نُضِيفُ أَلِفًا عِنْدَ التَّنْوِينِ ؟

2 أُغَيِّرُ الْجُمْلَةَ كَمَا فِي الْمِثَالِ:

يَحْمِلُ الصَّيَّادُ الشَّبَكَةَ	يَحْمِلُ الصَّيَّادُ شَبَكَةً
رَأَيْتُ الْحَمَامَةَ	....
سَمِعْتُ الصِّيَاحَ	....
نَثَرَ الصَّيَّادُ الْحَبَّ	....

3 أَضَعُ كَلِمَتَيْ " عُصْفُور " وَ " حَمَامَة " فِي الْجُمَلِ التَّالِيَةِ:

- فِي الْقَفَصِ.................. ‹ رَأَيْتُ .... ‹ قَبَضْتُ عَلَى ....
- فِي الشَّبَكَةِ .... ‹ رَأَيْتُ .... ‹ قَبَضْتُ عَلَى ....

إِمْلَاءٌ

تَعْبِيرٌ

1 أَتَأَمَّلُ الصُّوَرَ وَأُعَبِّرُ كَمَا فِي الْمِثَالِ:

بَيْنَمَا كَانَ الْغُرَابُ فِي عُشِّهِ، أَبْصَرَ صَيَّادًا قَادِمًا.

‹ بَيْنَمَا كَانَ .... ، ‹ بَيْنَمَا كَانَ .... ، ‹ بَيْنَمَا كَانَ .... ،
....

2 أُكْمِلُ الْفَرَاغَاتِ بِمَا يُنَاسِبُ مِنَ الْجُمَلِ التَّالِيَةِ:

‹ أَسْرَعَ الصَّيَّادُ نَحْوَهَا فَرِحًا.
‹ بَيْنَمَا كَانَ الصَّيَّادُ فِي الْغَابَةِ.
‹ وَقَعَتْ كُلُّهَا فِي الشَّبَكَةِ.

• بَيْنَمَا كَانَتِ الْحَمَائِمُ تَلْتَقِطُ الْحَبَّ، ....
• .... ، رَأَى الْحَمَائِمَ فِي الشَّبَكَةِ.
• بَيْنَمَا كَانَتِ الْحَمَائِمُ تَنْتَفِضُ، ....

الْحَمَامَةُ الْمُطَوَّقَةُ (2)

أَقْرَأُ وَأَفْهَمُ

قَرَّرَ الْغُرَابُ أَنْ يَعْرِفَ كَيْفَ سَتَتَخَلَّصُ الْمُطَوَّقَةُ وَمَنْ مَعَهَا مِنَ الشَّبَكَةِ. فَظَلَّ يَتْبَعُهَا وَهُوَ يُحَدِّثُ نَفْسَهُ: يَجِبُ أَنْ أَتَعَلَّمَ مِنْ هَذِهِ الْحَمَامَاتِ دَرْسًا يَنْفَعُنِي.

فِي ذَلِكَ الْحِينِ كَانَتِ الْمُطَوَّقَةُ تَقُولُ لِصَاحِبَاتِهَا: سَنَنْزِلُ قَرِيبًا فِي طَرَفِ هَذِهِ الْبَلْدَةِ، وَسَنَتَخَلَّصُ مِنْ هَذِهِ الشَّبَكَةِ.

ـ الْحَمَامَاتُ: وَكَيْفَ ذَلِكَ يَا سَيِّدَةَ الْحَمَامِ؟

ـ الْمُطَوَّقَةُ: لِي هُنَاكَ جُرَذٌ صَدِيقٌ، سَيَقْطَعُ عَنَّا الشَّبَكَةَ، وَيُخَلِّصُنَا مِنْهَا.

ـ الْحمامَاتُ: هَا قَدِ ٱقْتَرَبْنَا مِنْ طَرَفِ الْبَلْدَةِ.. هَلْ نَسْتَعِدُّ لِلنُّزُولِ؟

ـ الْمُطَوَّقَةُ: نَعَمْ، سَنَحُطُّ الْآنَ هُنَا عِنْدَ جُحْرِ الْجُرَذِ... سَأُنَادِيهِ: «جُرْذُونْ»! أَسْرِعْ إِلَيَّ يَا صَدِيقِي... أَنَا الْمُطَوَّقَةُ.

ـ الْجُرَذُ: الْمُطَوَّقَةُ؟! كَيْفَ وَقَعْتِ فِي هَذَا الشَّرَكِ، وَأَنْتِ الْحَمَامَةُ الْفَطِنَةُ؟!... اِصْبِرِي! سَأَقْرِضُ الْعُقَدَ الَّتِي أَنْتِ فِيهَا يَا صَدِيقَتِي.

ـ الْمُطَوَّقَةُ: لَا، بَلِ ٱبْدَأْ بِتَخْلِيصِ صَاحِبَاتِي. فَأَنَا أَخَافُ إِنْ بَدَأْتَ بِي أَنْ تَتْعَبَ وَتَكْسَلَ، فَتَتْرُكَهُنَّ فِي الشَّرَكِ.

ـ الْجُرَذُ: مَا أَجْمَلَ كَلَامَكِ يَا صَدِيقَتِي! سَأَفْعَلُ مَا تُرِيدِينَ. وَسَأَجْتَهِدُ حَتَّى أَقْرِضَ الشَّبَكَةَ كُلَّهَا، وَأُخَلِّصَكُنَّ جَمِيعًا.

ـ الْمُطَوَّقَةُ: الْحَمْدُ لِلهِ. هَا قَدْ فَرَغْتَ! شُكْرًا لَكَ أَيُّهَا الصَّدِيقُ الْوَفِيُّ!

ـ الْجُرَذُ: اِنْطَلِقِي الْآنَ مَعَ صَدِيقَاتِكِ آمِنَةً فَرِحَةً.

ـ الْغُرَابُ: مَا أَعْجَبَ صَنِيعَ هَذَا الْجُرَذِ! تُرَى أَيَرْضَى أَنْ يَكُونَ لِي صَدِيقًا؟

ـ عن كليلة ودمنة ـ (بتصرّف)

أَفْهَمُ مَعَانِيَ الْكَلِمَاتِ

ظَلَّ : بَقِيَ

ظَلَّ الْمَطَرُ يَنْزِلُ طَوَالَ النَّهَارِ.

فَطِنٌ : مُتَنَبِّهٌ ـ يَفْهَمُ الْأُمُورَ بِسُرْعَةٍ ـ ذَكِيٌّ

أَخِي وَلَدٌ فَطِنٌ لَا تَنْطَلِي عَلَيْهِ حِيلَتِي.

يُخَلِّصُنَا : يُنَجِّينَا ـ يُنْقِذُنَا ← خَلَّصَ الرَّاعِي الْخَرُوفَ مِنَ الذِّئْبِ.

🔄 الشَّرَكُ : الفَخُّ - كُلُّ مَا يُنْصَبُ لِلصَّيْدِ

⬅ نَصَبَ الفَلَّاحُ لِلثَّعْلَبِ شَرَكًا لِيَصْطَادَهُ.

أُجِيبُ عَنِ الْأَسْئِلَةِ

▸ لِمَاذَا ظَلَّ الْغُرَابُ يَتْبَعُ الْحَمَائِمَ؟

▸ طَلَبَتِ الْحَمَامَةُ الْمُطَوَّقَةُ مِنَ الْجُرَذِ أَنْ يَبْدَأَ بِتَخْلِيصِ صَاحِبَاتِهَا قَبْلَهَا. لِمَاذَا؟

▸ مَا الدَّرْسُ الَّذِي تَعَلَّمَهُ الْغُرَابُ؟

أُعَبِّرُ كَمَا فِي الْمِثَالِ

▸ قَرَّرَ الْغُرَابُ أَنْ يَتَعَلَّمَ دَرْسًا يَنْفَعُهُ.

▸ قَرَّرَتِ الْحَمَامَةُ أَنْ تَسْتَعِينَ بِصَدِيقِهَا الْجُرَذِ.

▸ قَرَّرْنَا أَنْ نَجْتَهِدَ لِنَنْجَحَ.

تَعْبِيرٌ أَحْفَظُهُ

💬 كَيْفَ وَقَعْتِ فِي هَذَا الشَّرَكِ، وَأَنْتِ الْحَمَامَةُ الْفَطِنَةُ؟!

أَسْتَفِيدُ مِنَ النَّصِّ

▸ أَتَعَلَّمُ مِنْ غَيْرِي دُرُوسًا تَنْفَعُنِي.

▸ الصَّدِيقُ عِنْدَ الضِّيقِ.

▸ أُحِبُّ أَصْدِقَائِي، وَأُرِيدُ لَهُمُ الْخَيْرَ، وَأُفَضِّلُهُمْ عَلَى نَفْسِي.

تَدْريبـاتٌ

1 أَقْرَأُ النَّصَّ وَأَضَعُ علامَةَ X أَمامَ الْجُمْلَةِ الصَّحيحَةِ

ظَلَّ الْغُرابُ يَتْبَعُ الْحَمائِمَ:

- ☐ لِيَصْطادَها.
- ☐ لِيَعْرِفَ أَيْنَ تَسْكُنُ.
- ☐ لِيَتَعَلَّمَ مِنْها دَرْسًا.

2 أَقْرَأُ ثُمَّ أَكْتُبُ نَعَمْ أَوْ لا

لَمّا بَدَأَ الْجُرَذُ يَقْرِضُ الْعُقَدَ :

- طَلَبَتْ مِنْهُ الْمُطَوَّقَةُ أَنْ يَنْصَرِفَ. ....
- شَكَرَتْهُ الْحَمامَةُ. ....
- طَلَبَتْ مِنْهُ أَنْ يَبْدَأَ بِصاحِباتِها. ....

3 أَصِلُ الْكَلِمَةَ بِما يُناسِبُها

الْحَمامَةُ ○	○ مُنْتَبِهٌ
الْجُرَذُ ○	○ فَطِنَةٌ
الْغُرابُ ○	○ صَديقٌ مُخْلِصٌ

نَحْوٌ

الْجُمْلَةُ الْفِعْلِيَّةُ : فِعْلٌ وَفَاعِلٌ وَمَفْعُولٌ بِهِ

1 أُكْمِلُ كُلَّ جُمْلَةٍ بِالْكَلِمَةِ الْمُنَاسِبَةِ : الْحَبَّ - الشَّبَكَةَ - الْجُرَذَ - صَيَّادًا

- رَأَى الْغُرَابُ ....
- أَكَلَتِ الْحَمَامَةُ ....
- قَرَضَ الْجُرَذُ ....

2 أُرَتِّبُ الْكَلِمَاتِ لِلْحُصُولِ عَلَى جُمْلَتَيْنِ فِعْلِيَّتَيْنِ ثُمَّ أُسَطِّرُ تَحْتَ الْمَفْعُولِ بِهِ

الْحَرِيقَ	أَطْفَأَ	الرِّجَالُ

- ....

مَرْيَمُ	صَدِيقَتَهَا	زَارَتْ

- ....

3 أُعَبِّرُ عَنْ كُلِّ صُورَةٍ بِجُمْلَةٍ فِعْلِيَّةٍ فِيهَا : فِعْلٌ وَفَاعِلٌ وَمَفْعُولٌ بِهِ

- ....

- ....

رَسْمٌ

1 أَقْرَأُ الْكَلِمَاتِ ثُمَّ أُلاحِظُ ما تَكَرَّرَ فِيهَا:

الشَّبَكَةُ - الْمُطَوَّقَةُ - حَطَّ - لَمَّا - الَّتِي - لَكِنَّ - حَتَّى - خَلَّصَ

هَلْ يُمْكِنُ أَنْ نَضَعَ الشَّدَّةَ عَلَى الْحَرْفِ الْأَوَّلِ مِنَ الْكَلِمَةِ ؟ نَعَمْ / لاَ

2 أُضِيفُ الشَّدَّةَ كَمَا فِي الْمِثَالِ ثُمَّ أَقْرَأُ:

عَلِمَ	عَلَّمَ	تَعَلَّمَ
سَلِمَ	....	....
كَسَرَ	....	....

3 أُضِيفُ الشَّدَّةَ كَمَا فِي الْمِثَالِ ثُمَّ أَقْرَأُ:

أَذْهَبُ إِلَى الْغَابَةِ لِأَصْطَادَ: ← ....

يَسْتَعْمِلُنِي الصَّيَّادُ وَتَخْرُجُ مِنِّي نَارٌ: ← ....

أَدَاةٌ لِصَيْدِ السَّمَكِ ، وَأُشْبِهُ حَرْفَ (ل): ← ....

إِمْلاَءٌ

تَدْرِيبَات

تَعْبِيرٌ

1 أَتَأَمَّلُ الصُّوَرَ وَأُعَبِّرُ كَمَا فِي الْمِثَالِ:

◂ قَرَّرَ الْغُرَابُ أَنْ يَتَعَلَّمَ دَرْسًا.

◂ قَرَّرَ .... أَنْ ◂ قَرَّرَ .... أَنْ ◂ قَرَّرَ ....
أَنْ ....

2 أَتَأَمَّلُ الصُّورَةَ وَأُعَبِّرُ مُسْتَعِينًا بِالْكَلِمَاتِ التَّالِيَةِ:

تَحُطُّ ـ يُخَلِّصَ ـ يَبْدَأَ ـ الْجُرَذِ ـ صَاحِبَاتِهَا ـ جُهْدٍ ـ أَنْ

- قَرَّرَتِ الْمُطَوَّقَةُ أَنْ .... قُرْبَ جُحْرِ ....
- طَلَبَتْ مِنْهُ .... بِتَخْلِيصِ ....
- بَعْدَ .... اسْتَطَاعَ الْجُرَذُ أَنْ .... الْحَمَائِمَ كُلَّهُنَّ.

غَرَسُوا فَأَكَلْنَا...

أَقْرَأُ وَأَفْهَمُ

وَصَلَ الْأَطْفَالُ إِلَى الْمَزْرَعَةِ رِفْقَةَ أَبِيهِمْ، فَوَجَدُوا جَدَّهُمْ فِي نَاحِيَةٍ يَغْرِسُ أَشْجَارًا. أَسْرَعُوا نَحْوَهُ، فَضَمَّهُمْ إِلَيْهِ وَقَبَّلَهُمْ.

وَجَعَلَ يُحَدِّثُهُمْ كَعَادَتِهِ عَنْ حُبِّهِ لِلْأَرْضِ، وَعَنْ فَوَائِدِ خِدْمَتِهَا.

تَعَجَّبَ الْأَطْفَالُ مِنِ آجْتِهَادِهِ، وَقَالُوا:

- لِمَاذَا تُتْعِبُ نَفْسَكَ يَا جَدُّ؟ الْأَشْجَارُ هُنَا كَثِيرَةٌ. وَثِمَارُهَا مُخْتَلِفَةٌ !

اِبْتَسَمَ الْجَدُّ وَقَالَ: يَا أَوْلَادِي، أَجْدَادُنَا غَرَسُوا فَأَكَلْنَا، وَنَحْنُ نَغْرِسُ لِتَأْكُلُوا.

هَلْ فَهِمْتُمْ لِمَاذَا أُتْعِبُ نَفْسِي ؟ ثُمَّ دَعَاهُمْ لِمُسَاعَدَتِهِ.

شَرَعَ الْأَطْفَالُ يَعْمَلُونَ... هَذَا أَحْمَدُ يُثَبِّتُ الْفَسِيلَةَ فِي الْأَرْضِ مَعَ جَدِّهِ... وَتِلْكَ لَيْلَى تَسْقِي الشُّجَيْرَاتِ الَّتِي غُرِسَتْ... وَذَلِكَ أَيْمَنُ يَحْفِرُ وَيُهَيِّئُ لِزِرَاعَةِ شَجَرَةٍ أُخْرَى...

وَكَانَ الْجَدُّ، مِنْ حِينٍ إِلَى آخَرَ، يُشِيرُ إِلَى الْأَشْجَارِ وَيَقُولُ:
ـ هَذِهِ شَجَرَةُ تُفَّاحٍ، وَتِلْكَ شَجَرَةُ خَوْخٍ، وَهُنَا أَشْجَارُ زَيْتُونٍ، وَهُنَاكَ قُرْبَ الْبِئْرِ، شَجَرَةُ تُوتٍ...

أَحَسَّ الْجَدُّ بِأَنَّ أَحْفَادَهُ قَدْ تَعِبُوا، فَنَادَاهُمْ: كَفَى الْيَوْمَ! سَنَعُودُ الْآنَ إِلَى الْبَيْتِ، وَغَدًا، إِنْ شَاءَ اللَّهُ، نَغْرِسُ مَعًا بَقِيَّةَ الْأَشْجَارِ...

من التّراث (بتصرّف)

أَفْهَمُ مَعَانِيَ الْكَلِمَاتِ

- **رِفْقَةَ**: صُحْبَةَ ـ مَعَ
  - سَافَرْتُ إِلَى بَلَدِي رِفْقَةَ أَبَوَيَّ.

- **ضَمَّهُمْ**: عَانَقَهُمْ
  - ضَمَّتِ الْأُمُّ وَلَدَهَا إِلَى صَدْرِهَا.

- **دَعَاهُمْ**: نَادَاهُمْ ـ طَلَبَ مِنْهُمْ
  - دَعَا الْمُؤَذِّنُ النَّاسَ إِلَى الصَّلَاةِ.

- **يُهَيِّئُ**: يُحَضِّرُ ـ يُعِدُّ
  - تُهَيِّئُ الْعُصْفُورَةُ عُشًّا لِتَضَعَ بَيْضَهَا.

أُجِيبُ عَنِ الْأَسْئِلَةِ

- مَا هِيَ الْأَشْجَارُ الَّتِي ذَكَرَهَا الْجَدُّ؟
- أُذْكُرْ عَمَلَ كُلِّ وَاحِدٍ مِنَ الْأَطْفَالِ.
- لِمَاذَا كَانَ الْجَدُّ يُتْعِبُ نَفْسَهُ؟

أُعَبِّرُ كَمَا فِي الْمِثَالِ

- أَسْرَعُوا نَحْوَهُ، فَضَمَّهُمْ إِلَيْهِ وَقَبَّلَهُمْ.
- تَعِبَ الْأَطْفَالُ، فَنَادَاهُمْ جَدُّهُمْ وَعَادُوا مَعًا إِلَى الْبَيْتِ.
- قَدِمَ الضُّيُوفُ، فَرَحَّبْنَا بِهِمْ وَدَعَوْنَاهُمْ لِلْجُلُوسِ.

تَعْبِيرٌ أَحْفَظُهُ

كَفَى الْيَوْمَ ! سَنَعُودُ الْآنَ إِلَى الْبَيْتِ.

أَسْتَفِيدُ مِنَ النَّصِّ

- أُحِبُّ الْأَرْضَ وَأَجْتَهِدُ فِي خِدْمَتِهَا.
- أُسَاعِدُ عَلَى غِرَاسَةِ الْأَشْجَارِ.
- الْأَرْضُ كَرِيمَةٌ تُعْطِي الْخَيْرَ لِمَنْ يَخْدِمُهَا.

تَدْرِيبَات

1 أَكْتُبُ أَسْمَاءَ الأَشْجَارِ الَّتِي ذُكِرَتْ فِي النَّصِّ

- شَجَرَةُ تُفَّاحٍ، وَ تِلْكَ شَجَرَةُ خَوْخٍ، أَشْجَارُ زَيْتُونٍ، قُرْبَ الْبِئْرِ.

أُذْكُرْ أَشْجَارًا أُخْرَى تَعْرِفُهَا :

- شجرةُ الكرزِ، شجرةُ إجاص.

2 أَذْكُرُ عَمَلَ كُلِّ وَاحِدٍ مِنَ الأَطْفَالِ

- أَحْمَدُ : يُثَبِّتُ الْفَسِيلَةَ فِي الأَرْضِ.
- لَيْلَى : تَسْقِي الشُّجَيْرَاتِ الَّتِي غُرِسَتْ.
- أَيْمَنُ : يَحْفِرُ وَ يُهَيِّئُ لِزِرَاعَةِ شَجَرَةٍ أُخْرَى.

3 أَقْرَأُ النَّصَّ وَأَضَعُ عَلَامَةَ X أَمَامَ الْجَوَابِ الصَّحِيحِ

يُتْعِبُ الْجَدُّ نَفْسَهُ:

- لِأَنَّهُ يُحِبُّ أَنْ يَأْكُلَ أَحْفَادُهُ مِنْ أَرْضِهِ. [X]
- لِأَنَّهُ يُحِبُّ أَرْضَهُ. [ ]
- لِأَنَّهُ يُحِبُّ أَنْ يَكُونَ غَنِيًّا. [ ]

تَصْرِيفُ الْـمُضارِعِ الْـمَرْفُوعِ مَعَ **أَنْتِ - أَنْتُمَا - هُمَا - هُمَا - أَنْتُمْ - هُمْ**

1 أُكْمِلُ تَعْمِيرَ الْجَدْوَلِ:

	عَمِلَ	سَاعَدَ	حَفَرَ
أَنْتِ	تَعْمَلِينَ	تُساعِدِينَ	تَحْفِرِينَ
أَنْتُمَا	تَعْمَلانِ	تُسَاعِدَانِ	تَحْفِرَانِ
أَنْتُمْ	تَعْمَلُونَ	تُسَاعِدُونَ	تَحْفِرُونَ

2 أُحَوِّلُ الْفِعْلَ مَعَ الْأَسْمَاءِ الْمَذْكُورَةِ :

وَجَدْتُ جَدِّي وَأَخِي يَغْرِسَانِ الْأَشْجَارَ.

وَجَدْتُ جَدَّتِي وَأُخْتِي يَغْرِسَانِ الْأَشْجَارَ.

وَجَدْتُ جَدِّي وَإِخْوَتِي يَغْرِسُونَ الْأَشْجَارَ.

3 أُعَبِّرُ عَنِ الصُّورَةِ بِاسْتِعْمَالِ أَفْعَالٍ مُضَارِعَةٍ

....

تدريبات

٧ رَسْمٌ

1 أَبْحَثُ فِي النَّصِّ عَنْ كَلِمَاتٍ تَبْدَأُ بِالْحُرُوفِ الْمَذْكُورَةِ فِي الْجَدْوَلِ ثُمَّ أَكْتُبُهَا:

مَ	فَ	جَـ	أَ	أَ	أَ
الْمَزْرَعَة	الْفَسِيلَة	الْجَدُّ	الْأَشْجَار	الْأَرْض	الْأَشْجَار

2 أُدْخِلُ الـ عَلَى الْكَلِمَاتِ الْآتِيَةِ كَمَا فِي الْمِثَالِ:

بَيْتٌ	الْبَيْتُ	فِي الْبَيْتِ ضُيُوفٌ.
كَأْسٌ	الْكَأْسُ	فِي الْكَأْسِ حَلِيبٌ.
قَلَمٌ	الْقَلَمُ	أَكْتُبُ بِالْقَلَمِ.
حَبْلٌ	الْحَبْلُ	أَلْعَبُ بِالْحَبْلِ.

3 أَكْتُبُ بِدُونِ الـ ثُمَّ مَعَ الـ أَسْمَاءَ الصُّوَرِ التَّالِيَةِ:

قَلَمٌ — قَمَرٌ — جَبَلٌ
الْقَلَمُ — الْقَمَرُ — الْجَبَلُ

٦ إِمْلَاءٌ

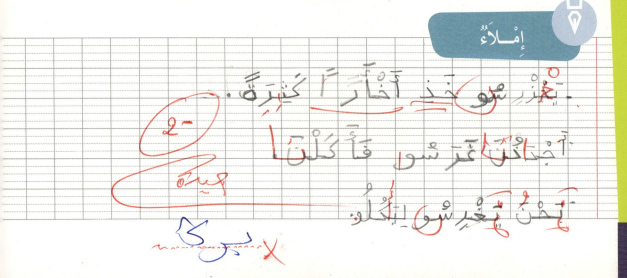

تَعْبِيرٌ

1 أُعَبِّرُ عَنِ الْمَشَاهِدِ مُسْتَعْمِلاً: ... فَـ ... وَ ... ، كَمَا فِي الْمِثَالِ:

أَخَذَ أَيْمَنُ الْمِسْحَاةَ فَحَفَرَ حُفْرَةً ، وَ غَرَسَ الشَّجَرَةَ.

2 أُرَتِّبُ الْجُمَلَ وَأَصِلُ بَيْنَهَا بِـ : فَـ أَوْ وَ

اِجْتَهَدَ فِي خِدْمَتِهَا	أَحَبَّ الْجَدُّ الْأَرْضَ	غَرَسَهَا أَشْجَارًا

أَحَبَّ الْجَدُّ الْأَرْضَ فَاجْتَهَدَ فِي خِدْمَتِهَا وَغَرَسَهَا أَشْجَارًا.

سَاعَدُوهُ	وَجَدَ الْأَطْفَالُ جَدَّهُمْ يَعْمَلُ فِي الْمَزْرَعَةِ	أَسْرَعُوا إِلَيْهِ

وَجَدَ الْأَطْفَالُ جَدَّهُمْ يَعْمَلُ فِي الْمَزْرَعَةِ وَسَاعَدُوهُ فَأَسْرَعُوا إِلَيْهِ.

مَلَأَتْهُ مَاءً	جَعَلَتْ تَسْقِي الْأَشْجَارَ	أَخَذَتْ لَيْلَى الْمِرَشَّ

أَخَذَتْ لَيْلَى الْمِرَشَّ فَمَلَأَتْهُ مَاءً وَجَعَلَتْ تَسْقِي الْأَشْجَارَ.

آيَـاتُ الْـقُـدْرَةِ

أُنْظُـرْ لِتِلْكَ الشَّجَـرَهْ ... ذَاتِ الْغُصُـونِ النَّضِـرَهْ

كَيْفَ نَمَتْ مِنْ حَبَّـةٍ ... وَكَيْفَ صَـارَتْ شَجَرَهْ!

فَابْحَثْ وَقُلْ: مَنْ ذَا الَّذِي ... يُخْرِجُ مِنْهَـا الثَّمَـرَهْ ؟

وَانْظُرْ إِلَى اللَّيْلِ وَقُـلْ : ... مَنْ أَوْجَـدَ فِيـهِ قَمَـرَهْ ؟

مَنْ زَانَـهُ بِأَنْجُـمٍ ... كَـالـدُّرَرِ الْمُنْتَشِـرَهْ ؟

وَالشَّمْسُ مَنْ أَبْدَعَـهَـا ... فِـي الْجَوِّ مِثْلَ الشَّـرَرَهْ؟

وَالرِّيـحُ مَنْ أَرْسَلَهَـا ... وَالْمَـاءُ مَنْ ذَا فَجَّـرَهْ؟

ذَاكَ هُـوَ اللَّـهُ الَّـذِي ... أَنْعُمُـهُ مُنْهَمِـرَهْ

ذُو حِكْمَـةٍ بَالِغَـةٍ ... وَقُـدْرَةٍ مُقْتَـدِرَهْ

معروف الرّصافي (بتصرّف)

أَفْهَمُ مَعَانِي الْكَلِمَاتِ

نَمَتْ: كَبِرَتْ - اِرْتَفَعَتْ

- نَمَا الزَّرْعُ فِي الْحُقُولِ بَعْدَ نُزُولِ الْمَطَرِ.

الدُّرَرُ: جَمْعُ مُفْرَدُهُ دُرَّةٌ: لُؤْلُؤَةٌ - حِجَارَةٌ ثَمِينَةٌ

- تَاجُ الْمَلِكَةِ مُزَيَّنٌ بِالدُّرَرِ الثَّمِينَةِ.

مُنْهَمِرَةٌ: مِنْ فِعْلِ اِنْهَمَرَ: سَالَ - تَسَاقَطَ بِقُوَّةٍ

- لَمَّا انْهَمَرَ الْمَطَرُ أَسْرَعْتُ إِلَى الْبَيْتِ.

أُجِيبُ عَنِ السُّؤَالِ

- مَا هِيَ نِعَمُ اللَّهِ الَّتِي ذُكِرَتْ فِي الْقَصِيدَةِ؟

أُعَبِّرُ كَمَا فِي الْمِثَالِ

- مَنْ ذَا الَّذِي أَبْدَعَ الشَّمْسَ فِي الْجَوِّ؟
- مَنْ ذَا الَّذِي زَيَّنَ السَّمَاءَ بِالنُّجُومِ؟
- مَنْ ذَا الَّذِي كَسَّرَ زُجَاجَ النَّافِذَةِ؟

أَسْتَفِيدُ مِنَ الْقَصِيدَةِ

- اللَّهُ قَدِيرٌ، وَهُوَ خَالِقُ كُلِّ شَيْءٍ.
- أَشْكُرُ لِلَّهِ نِعَمَهُ الْكَثِيرَةَ.

الرَّسْمُ الْجَمِيلُ

أَقْرَأُ وَأَفْهَمُ

أَنْهَيْنَا حِصَّةَ الْقِرَاءَةِ، فَدَعَتْنَا الْمُعَلِّمَةُ إِلَى أَنْ نَرْسُمَ مَشْهَدًا رَبِيعِيًّا عَلَى وَرَقَةِ تَصْوِيرٍ. مَرَّتِ الْمُعَلِّمَةُ بَيْنَ الْمَقَاعِدِ، ثُمَّ قَالَتْ: رُسُومُكُمْ جَمِيلَةٌ وَتَسْتَحِقُّ مُكَافَأَةً... سَنَخْرُجُ الْأُسْبُوعَ الْقَادِمَ إِلَى الْغَابَةِ لِنَرَى جَمَالَ الطَّبِيعَةِ فِي الرَّبِيعِ.

وَفِي الْيَوْمِ الْمَوْعُودِ، قَصَدْنَا الْغَابَةَ عَلَى مَتْنِ حَافِلَةٍ... كَانَ الطَّقْسُ جَمِيلاً... فَالسَّمَاءُ صَافِيَةٌ، وَأَشِعَّةُ الشَّمْسِ دَافِئَةٌ. وَالْهَوَاءُ لَطِيفٌ... وَكَانَتِ الزُّهُورُ تُغَطِّي الْأَرْضَ، وَتَكْسُو الْأَشْجَارَ، وَتَمْلَأُ

الْـجَوَّ عِطْرًا... وَحِيـنَ وَصَلْنَا، ٱنْتَشَـرْنَـا فِي الْغَابَةِ مَـجْمُوعَـاتٍ. فَكُـنَّـا أَحْيَـانًـا نَـجْمَعُ بَـاقَـاتٍ مِنَ الـزَّهْـرِ، وَأَحْيَـانًـا نَـرْكُضُ وَرَاءَ الْفَرَاشَـاتِ لِنَصْطَـادَهَا.

مَـرَّ الْوَقْتُ سَـرِيعًا وَنَحْنُ نَرْتَـعُ وَنَلْعَبُ. وَمَا شَعَـرْنَا بِالتَّعَبِ .وَلَـمَّا صَفَّقَتِ الْـمُعَلِّمَةُ، عَرَفْنَـا أَنَّ سَاعَةَ الْعَـوْدَةِ قَدْ حَانَتْ، فَٱصْطَفَفْنَـا أَمَامَ بَابِ الْـحَافِلَةِ. وَقَبْلَ أَنْ نَرْكَبَ، سَلَّمَ صَدِيقِي ثَـامِرُ الْـمُعَلِّمَةَ رَسْمًا جَمِيـلاً، فَشَكَرَتْـهُ وَوَعَدَتْـهُ أَنْ تُعَلِّقَـهُ فِي بَهْـوِ الْـمَدْرَسَةِ.

ـ المؤلّفون ـ

أَفْهَمُ مَعَانِيَ الْكَلِمَاتِ

- اِنْتَشَـرْنَـا : تَفَـرَّقْنَـا
  - اِنْتَشَـرَتِ الْـخِرْفَانُ تَرْعَى فِي الْـمُرُوجِ.
- نَرْكُضُ: نَعْدُو ـ نَـجْرِي بِسُـرْعَـةٍ
  - يَرْكُضُ الْأَسَدُ وَرَاءَ الْغَـزَالِ لِيَفْتَـرِسَهُ.

- حَانَتْ : جَاءَتْ ـ أَقْبَلَتْ
  - حَـانَ وَقْتُ الصَّلَاةِ فَذَهَبْتُ إِلَى الْـمَسْجِـدِ.
- بَـهْـوٌ: مَكَـانٌ وَاسِعٌ لِلاِسْتِقْبَـالِ فِي مَدْخَـلِ بِنَـايَـةٍ.
  - جَعَلَتْ أُمِّـي بَهْـوَ الْـبَيْتِ قَاعَـةً لِلْجُلُـوسِ.

أُجِيبُ عَنِ الْأَسْئِلَةِ

- لِـمَاذَا خَـرَجَ الْأَطْفَالُ إِلَى الْغَابَـةِ؟
- أُذْكُرْ مَظَاهِـرَ الـرَّبِيعِ فِي النَّصّ.
- كَيْفَ قَضَى الْأَطْفَالُ يَـوْمَهُمْ فِي الْغَـابَـةِ؟

أُعَبّرُ كَمَا فِي الْمِثَالِ

- كُنَّا أَحْيَانًا نَـجْمَعُ أَزْهَـارًا، وَأَحْيَانًا نَرْكُضُ وَرَاءَ الْفَرَاشَاتِ.
- كَانَ ثَـامِرُ أَحْيَانًا يَلْعَبُ مَعَ أَصْحَابِهِ، وَأَحْيَانًا يَـرْسُمُ الطَّبِيعَةَ.
- كَانَتِ الْفَرَاشَـاتُ أَحْيَانًا تَطِيرُ، وَأَحْيَانًا تَـحُطُّ عَلَى الْأَزْهَـارِ.

تَعْبِيرٌ أَحْفَظُهُ

كَانَتِ الزُّهُورُ تُغَطِّي الْأَرْضَ وَتَكْسُو الْأَشْجَارَ وَتَـمْلَأُ الْـجَوَّ عِطْرًا.

أَسْتَفِيدُ مِنَ النَّصِّ

- الْـخُرُوجُ إِلَى الطَّبِيعَةِ مُـمْتِعٌ وَمُـرِيحٌ.
- أَحْتَـرِمُ الْوَقْتَ وَأَكُـونُ مُنَظَّمًـا.

تَدْرِيبَاتٌ

1 أَقْرَأُ النَّصَّ وَأَضَعُ عَلامَةَ X أَمامَ الْجُمْلَةِ الصَّحيحَةِ

نَادَتِ الْمُعَلِّمَةُ الْأَطْفَالَ :

- لِأَنَّهُمْ تَعِبُوا. ☐
- لِيَأْكُلوا. ☐
- لِأَنَّ وَقْتَ الرُّجُوعِ قَدْ حَانَ. ☒

2 أُكْمِلُ الْجُمَلَ مِنَ النَّصِّ

- الطَّقْسُ جَمِيلًا .
- السَّمَاءُ صَافِيَةٌ .
- أَشِعَّةُ الشَّمْسِ دَافِئَةٌ .
- الْهَوَاءُ لَطِيفٌ .
- الزُّهُورُ تُغَطِّي الْأَرْضَ .

3 أَكْتُبُ الْجُمْلَةَ الَّتِي تَدُلُّ فِي النَّصِّ عَلَى

أَنَّ الْأَطْفَالَ قَدْ أَعْجَبَهُمُ الْخُرُوجُ إِلَى الْغَابَةِ.

- فَكُنَّا أَحْيَانًا نَجْمَعُ بَاقَاتٍ مِنَ الزُّهُورِ وَأَحْيَانًا نَرْكُضُ وَرَاءَ الْفَرَاشَاتِ لِنَلْتَقِطَهَا .

نَحْوٌ

الْجُمْلَةُ الاسْمِيَّةُ : الْمُبْتَدَأُ وَالْخَبَرُ

1 أُقَسِّمُ الْفِقْرَةَ إِلَى جُمَلٍ ثُمَّ أَكْتُبُهَا:

الطَّقْسُ جَمِيلٌ وَالسَّمَاءُ صَافِيَةٌ وَالْجَوُّ لَطِيفٌ وَالْأَطْفَالُ فَرِحُونَ بِالْجَوْلَةِ.

- ....
- ....
- ....
- ....

مِمَّا تَتَكَوَّنُ كُلُّ جُمْلَةٍ ؟

2 أَخْتَارُ خَبَرًا مُنَاسِبًا لِكُلِّ مُبْتَدَإٍ :

فَرِحُونَ - تَسِيرُ - قَصِيرَةٌ - جَمِيلٌ

مُبْتَدَأٌ	خَبَرٌ
الْحَافِلَةُ	....
الرَّبِيعُ	....

مُبْتَدَأٌ	خَبَرٌ
الرِّحْلَةُ	....
الْأَوْلَادُ	....

3 أُعَبِّرُ عَنْ كُلِّ صُورَةٍ بِجُمْلَةٍ فِيهَا مُبْتَدَأٌ وَخَبَرٌ :

- ....

- ....

تَدْرِيبَاتٌ

رَسْمٌ

1 أَبْحَثُ فِي النَّصِّ عَنْ كَلِمَاتٍ تَبْدَأُ بِالْحُرُوفِ الْمَذْكُورَةِ فِي الْجَدْوَلِ ثُمَّ أَكْتُبُهَا:

ر	ط	سـ	شـ	ز	تـ
الرَّسْمُ	الـ.......	الـ.......	الـ.......	الـ.......	الـ.......

2 أُدْخِلُ «الـ» عَلَى الْكَلِمَاتِ الْآتِيَةِ كَمَا فِي الْمِثَالِ:

زُجَاجٌ	←	الزُّجَاجُ	←	لاَ تَلْعَبْ بِالزُّجَاجِ
سِكِّينٌ	←	....	←	لاَ تَلْعَبْ بِـ ....
نَارٌ	←	....	←	لاَ تَلْعَبْ بِـ ....

3 أَكْتُبُ بِدُونِ «الـ» ثُمَّ مَعَ «الـ» أَسْمَاءَ الصُّوَرِ التَّالِيَةِ:

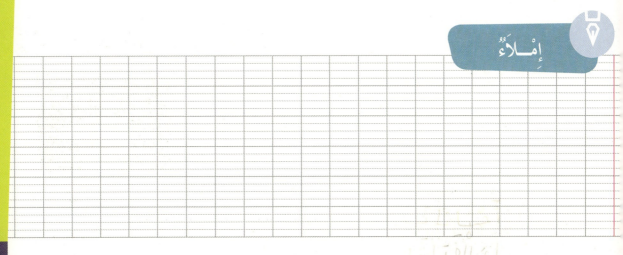

....
....

....
....

....
....

إِمْلاَءٌ

تَعْبِيرٌ

1 أَتَأَمَّلُ الصُّوَرَ وَ أُعَبِّرُ كَمَا فِي الْمِثَالِ:

- كُنَّا أَحْيَانًا نَجْمَعُ أَزْهَارًا، وَأَحْيَانًا نَرْكُضُ وَرَاءَ الْفَرَاشَاتِ.

- أَحْيَانًا .... وَأَحْيَانًا ....
- أَحْيَانًا .... وَأَحْيَانًا ....
- أَحْيَانًا .... وَأَحْيَانًا ....

2 أُرَتِّبُ الْجُمَلَ ثُمَّ أَكْتُبُهَا لِأَحْصُلَ عَلَى فِقْرَةٍ:

- أَمَّا الْمُعَلِّمَةُ ، فَكَانَتْ أَحْيَانًا تَرْسُمُ. ☐
- وَأَحْيَانًا نَرْكُضُ وَرَاءَ الْفَرَاشَاتِ. ☐
- كُنَّا فِي الْغَابَةِ. ☐
- وَأَحْيَانًا تُشَارِكُنَا لِعْبَنَا. ☐
- أَحْيَانًا نَجْمَعُ بَاقَاتٍ مِنَ الزَّهْرِ. ☐

- ....
....
....
....

جُحَا وَالْحِمَارُ

أَقْرَأُ وَأَفْهَمُ

ذَهَبَ جُحَا ذَاتَ يَوْمٍ إِلَى السُّوقِ، وَٱشْتَرَى حِمَارًا... رَبَطَهُ بِحَبْلٍ، وَمَشَى أَمَامَهُ يَقُودُهُ، فَتَبِعَهُ لِصَّانِ... حَلَّ أَحَدُهُمَا الْحَبْلَ، وَوَضَعَهُ فِي عُنُقِهِ، وَهَرَبَ الثَّانِي بِالْحِمَارِ.

الْتَفَتَ جُحَا، فَرَأَى رَجُلاً مَرْبُوطًا بِالْحَبْلِ، فَصَاحَ قَائِلاً:

- أَيْنَ الْحِمَارُ؟!

قَالَ اللِّصُّ: أَنَا هُوَ.

قَالَ جُحَا: عَجَبًا! وَمَا قِصَّتُكَ؟

قَالَ اللِّصُّ: كُنْتُ لَا أُطِيعُ أُمِّي، فَدَعَتِ اللَّهَ أَنْ يَمْسَخَنِي حِمَارًا. فَأَجَابَ اللَّهُ دُعَاءَهَا... ثُمَّ أَخَذَتْنِي إِلَى السُّوقِ، وَبَاعَتْنِي... فَاشْتَرَانِي رَجُلٌ، ثُمَّ اشْتَرَيْتَنِي أَنْتَ مِنْهُ... وَالْآنَ أَحْمَدُ اللَّهَ، لِأَنَّ أُمِّي رَضِيَتْ عَنِّي، فَعُدْتُ إِنْسَانًا... قَالَ جُحَا: حَسَنًا، اذْهَبْ إِلَى أَهْلِكَ! وَحَذَارِ أَنْ تُغْضِبَ أُمَّكَ ثَانِيَةً!

وَفِي الْغَدِ، عَادَ جُحَا إِلَى السُّوقِ لِيَشْتَرِيَ حِمَارًا آخَرَ، فَوَجَدَ هُنَاكَ حِمَارَهُ... اقْتَرَبَ مِنْهُ، وَهَمَسَ فِي أُذُنِهِ: أَغْضَبْتَ أُمَّكَ مَرَّةً أُخْرَى؟ أَنْتَ تَسْتَحِقُّ ذَلِكَ... لَنْ أَشْتَرِيَكَ أَبَدًا.

عن محمد قرة علي (بتصرّف)

أَفْهَمُ مَعَانِيَ الْكَلِمَاتِ

🔄 لِصٌّ : سَارِقٌ

← دَخَلَ اللِّصُّ الْبَيْتَ مِنَ النَّافِذَةِ.

🔄 أَجَابَ : قَبِلَ ـ وَافَقَ

← دَعَانِي صَدِيقِي لِزِيَارَتِهِ فَأَجَبْتُ دَعْوَتَهُ.

🔄 تَسْتَحِقُّ : تَسْتَأْهِلُ

← يَسْتَحِقُّ الْكَافِرُ عَذَابَ النَّارِ.

يَقُـودُ : يَسُـوقُ وَيُـوَجِّـهُ

يَقُـودُ السَّائِـقُ الْـحَـافِلَةَ بِهُدُوءٍ.

أُجِيبُ عَنِ الْأَسْئِـلَةِ

- كَيْفَ أَخَذَ اللِّصَّـانِ مِنْ جُحَـا حِمَـارَهُ؟
- مَـا قِصَّـةُ اللِّصِّ مَعَ أُمِّـهِ؟
- لِـمَاذَا لَـمْ يَشْتَرِ جُحَـا حِمَـارَهُ لَـمَّا وَجَدَهُ فِي السُّوقِ؟

أُعَبِّرُ كَمَا فِي الْمِثَالِ

- اِشْتَـرَانِي رَجُـلٌ ثُمَّ اشْتَـرَيْتَنِي أَنْتَ مِنْهُ.
- اِشْتَـرَى جُحَـا حِمَارًا ثُمَّ مَشَى أَمَامَهُ يَقُـودُهُ.
- نَظَّفَتْ سُعَـادُ أَسْنَـانَهَـا ثُمَّ نَـامَتْ .

تَعْبِيرٌ أَحْفَظُهُ

حَذَارِ أَنْ تُغْضِبَ أُمَّكَ ثَانِيَـةً !

أَسْتَفِيدُ مِنَ النَّصِّ

- يَجِـبُ أَنْ أَكُـونَ فَطِنًـا.
- لاَ أَكْـذِبُ وَلاَ أَحْتَـالُ عَلَى النَّـاسِ.

تَدْرِيبَـاتٌ

1 أَقْرَأُ ثُمَّ أَكْتُبُ نَعَمْ أَوْ لاَ

- اللِّصَّـانِ أَخَـذَا حِمَـارَ جُحَـا. ....
- اللِّصَّـانِ هَرَبَا لَـمَّـا ٱلْتَفَتَ جُحَـا. ....
- الـرَّجُلُ الْـمَرْبُوطُ بِالْـحَبْلِ هُوَ أَحَدُ اللِّصَّيْـنِ. ....

2 أُلَـوِّنُ الْـمُرَبَّعَ الْـمُنَاسِبَ لِلْجَوَابِ الصَّحِيحِ

كَـذَبَ اللِّصُّ :

- لأَنَّـهُ خَـافَ مِنْ جُحَـا. ☐
- لأَنَّـهُ لاَ يَسْتَطِيعُ أَنْ يَهْـرُبَ. ☐
- حَـتَّى يُطْلِـقَ جُحَـا سَرَاحَهُ. ☐

3 أَكْتُبُ جُمْلَةً مِنَ النَّصِّ تَدُلُّ عَلَى أَنَّ جُحَا صَدَّقَ كِذْبَةَ اللِّصِّ

- ....
....

تَصْرِيفُ

الْفِعْلُ الْمُضَارِعُ مَعَ : أَنْتُنَّ وَهُنَّ

1 أُكْمِلُ كَمَا فِي الْمِثَالِ:

	هَرَبَ / يَهْرُبُ	غَضِبَ/يَغْضَبُ	هَمَسَ / يَهْمِسُ
هُنَّ	يَهْرُبْنَ	يَـ....................	....
أَنْتُنَّ	تَـ..................	تَغْضَبْنَ	....

2 أَصِلُ بَيْنَ الْفِعْلِ وَالضَّمِيرِ الْمُنَاسِبِ :

هُنَّ	تَفْتَحْنَ
أَنْتُنَّ	يُنَظِّفُونَ
هُمْ	يَنْظُرْنَ
أَنْتُمْ	تَلْعَبُونَ
	يَفْتَحْنَ

3 أُعَبِّرُ عَنِ الصُّورَةِ بِاسْتِعْمَالِ أَفْعَالٍ مُضَارِعَةٍ :

هُنَّ ....

أَنْتُنَّ ....

تَدْرِيبَاتٌ

رَسْمٌ

1 أَجْعَلُ الْأَفْعَالَ فِي دَائِرَةٍ :

سَاعَةٌ - اِلْتَفَتَ - كُنْتُ - قِصَّةٌ - أَخَذْتَ

رَضِيتْ - مَرَّةً - أَغْضَبْتْ - عُدْتِ - بِنْتُ

أَسْتَنْتِجُ : نَكْتُبُ التَّاءَ فِي آخِرِ الْفِعْلِ ....

2 أُوَاصِلُ كَمَا فِي الْمِثَالِ :

ذَهَبَ	ذَهَبْتُ	ذَهَبْتَ	ذَهَبْتِ	ذَهَبْتْ
هَرَبَ	....	....	....	....
وَضَعَ	....	....	....	....

3 أَكْتُبُ أَضْدَادَ الْأَفْعَالِ التَّالِيَةِ :

- خَرَجْتَ ≠ دَخَلْتَ
- بَكَيْتُ ≠ ....
- اِسْتَيْقَظْتْ ≠ ....
- وَقَفْتِ ≠ ....

إِمْلَاءٌ

تَعْبِيرٌ

1 أُرَتِّبُ الْأَحْدَاثَ وأُعَبِّرُ مُسْتَعْمِلاً « ثُمَّ » كَمَا فِي الْمِثَالِ:

- صَلَّيْنَا جَمَاعَةً - تَوَضَّأْنَا
  - تَوَضَّأْنَا ثُمَّ صَلَّيْنَا جَمَاعَةً .

- شَكَرَ التِّلْمِيذَةَ - نَظَرَ إِلَى الرَّسْمِ
  - .... ثُمَّ ....

- نَزَلَ الْمَطَرُ - لَمَعَ الْبَرْقُ
  - .... ثُمَّ ....

- يَغْرِسُ شَجَرَةً - يَسْقِيهَا بِالْمِرَشِّ
  - .... ثُمَّ ....

2 أُكْمِلُ الْجُمَلَ التَّالِيَةَ وَلاَ أَنْسَى الرَّبْطَ بِـ : ثُمَّ

- اِقْتَرَبَ جُحَا مِنَ الْحِمَارِ، ثُمَّ ....
- رَحَّبَ أَبِي بِـ .... ، .... دَعَاهُمْ لِـ ....
- .... الْجُرَذُ بِكَلاَمِ صَدِيقَتِهِ، .... أَخَذَ ....

رِحْلَةٌ فِي الْقِطَارِ

أَقْرَأُ وَأَفْهَمُ

بَعْدَ أَيَّامٍ جَمِيلَةٍ قَضَيْتُهَا مَعَ عَائِلَتِي فِي مَدِينَةِ مَرْسِيلِيَا، قَرَّرْنَا الرُّجُوعَ إِلَى بَارِيسَ، فَتَوَجَّهْنَا إِلَى مَحَطَّةِ الْقِطَارِ. كَانَتْ مُكْتَظَّةً بِالْمُسَافِرِينَ ...هَذَا يَحْمِلُ حَقِيبَةً، وَذَاكَ يَدْفَعُ نَقَّالَةً عَلَيْهَا أَمْتِعَةٌ، وَآخَرُونَ اصْطَفُّوا لِيَشْتَرُوا تَذَاكِرَ سَفَرِهِمْ ...

رَكِبْنَا الْقِطَارَ، وَجَلَسْنَا فِي الْمَقَاعِدِ الْمُخَصَّصَةِ لَنَا. وَمَا هِيَ إِلَّا دَقَائِقُ، حَتَّى انْطَلَقَ الْقِطَارُ سَرِيعًا ...

كُنْتُ خِلَالَ الرِّحْلَةِ أَنْظُرُ مِنَ النَّافِذَةِ إِلَى مَنَاظِرِ الطَّبِيعَةِ الْبَدِيعَةِ، بَيْنَمَا كَانَ أَبِي يَقْرَأُ جَرِيدَةً، وَأُمِّي تُلَاعِبُ أَخِي الصَّغِيرَ... فَجْأَةً، خَفَّتْ سُرْعَةُ الْقِطَارِ، ثُمَّ تَوَقَّفَ تَمَامًا. أَخْبَرَنَا السَّائِقُ أَنَّ عَطَبًا أَصَابَ الْقَاطِرَةَ، وَرَجَانَا أَنْ نَصْبِرَ قَلِيلًا.

طَالَ انْتِظَارُنَا... وَلَمَّا بَدَأْنَا نَشْعُرُ بِالْقَلَقِ، عَلِمْنَا أَنَّنَا سَنُوَاصِلُ الرِّحْلَةَ في قِطَارٍ آخَرَ.

ـ المؤلّفون ـ

أَفْهَمُ مَعَانِيَ الْكَلِمَاتِ

مُكْتَظَّةٌ : مُمْتَلِئَةٌ

كَانَ الْمَلْعَبُ مُكْتَظًّا بِالْمُتَفَرِّجِينَ

عَطَبٌ : عُطْلٌ ـ فَسَادٌ

أَصَابَ السَّيَّارَةَ عَطَبٌ، فَتَوَقَّفَتْ عَنِ السَّيْرِ.

بَدِيعَةٌ : جَمِيلَةٌ جِدًّا

فِي حَدِيقَةِ النَّبَاتَاتِ أَزْهَارٌ بَدِيعَةٌ.

رَجَانَا : طَلَبَ مِنَّا بِلُطْفٍ

نَسِيتُ كُرَّاسِي فَرَجَوْتُ الْمُعَلِّمَ أَنْ يُسَامِحَنِي.

أُجيبُ عَنِ الْأَسْئِلَةِ

- كَيْفَ كَانَتْ مَحَطَّةُ الْقِطَارِ؟
- اُذْكُرْ أَعْمَالَ الْمُسَافِرِينَ فِي الْمَحَطَّةِ.
- مَاذَا كَانَ أَفْرَادُ الْعَائِلَةِ يَفْعَلُونَ خِلَالَ الرِّحْلَةِ؟
- لِمَاذَا تَوَقَّفَ الْقِطَارُ؟

أُعَبِّرُ كَمَا فِي الْمِثَالِ

- كَانَتِ الْمَحَطَّةُ مُكْتَظَّةً بِالْمُسَافِرِينَ.
- كَانَتِ الرِّحْلَةُ فِي الْقِطَارِ طَوِيلَةً.
- كَانَتِ الْأَلْعَابُ مُتَنَوِّعَةً فِي الْمُنْتَزَهِ.

تَعْبِيرٌ أَحْفَظُهُ

وَمَا هِيَ إِلَّا دَقَائِقُ حَتَّى انْطَلَقَ الْقِطَارُ.

أَسْتَفِيدُ مِنَ النَّصِّ

- الْأَسْفَارُ وَالرَّحَلَاتُ مُفِيدَةٌ.
- السَّفَرُ يَحْتَاجُ إِلَى الصَّبْرِ.

تدريبات

1 أجعل الجواب الصحيح في إطار

لِيَرْكَبَ الْقِطَارَ، يَشْتَرِي الْمُسَافِرُ:
- حَقِيبَةً كَبِيرَةً.
- نَقَّالَةَ أَمْتِعَةٍ.
- تَذْكِرَةَ سَفَرٍ.
- كُسْوَةً جَمِيلَةً.

2 أَكْتُبُ أَمَامَ كُلِّ جُمْلَةٍ الْعِبَارَةَ الْمُنَاسِبَةَ

كُنْتُ ـ كَانَ أَبِي ـ كَانَتْ أُمِّي

- .... تُلَاعِبُ أَخِي الصَّغِيرَ.
- .... أَنْظُرُ مِنَ النَّافِذَةِ إِلَى الْمَنَاظِرِ الْبَدِيعَةِ.
- .... يَقْرَأُ جَرِيدَةً.

3 أَقْرَأُ ثُمَّ أَكْتُبُ الْجُمْلَةَ صَحِيحَةً كَمَا جَاءَتْ فِي النَّصِّ

• رَجَانَا السَّائِقُ أَنْ نَنْزِلَ مِنَ الْقِطَارِ.

....

• عَلِمْنَا أَنَّنَا سَنُوَاصِلُ الرِّحْلَةَ فِي الْحَافِلَةِ.

....

نَـحْوٌ

حُرُوفُ الْجَرِّ

1 أُكْمِلُ الْجُمَلَ بِحَرْفِ الْجَرِّ الْمُنَاسِبِ:

- ذَهَبْتُ .... مَدِينَةِ مَرْسِيلِيَا.
- كُنْتُ أَنْظُرُ .... نَافِذَةِ الْقِطَارِ.
- شَعَرَ الْمُسَافِرُونَ .... الْقَلَقِ.
- وَاصَلْنَا الرِّحْلَةَ .... قِطَارٍ آخَرَ.

2 أَكْتُبُ اسْمًا مُنَاسِبًا بَعْدَ حَرْفِ الْجَرِّ:

- فِي .... لَحْمٌ وَسَمَكٌ.
- ذَهَبْتُ إِلَى ....
- تَحَدَّثْتُ مَعَ صَدِيقِي عَنْ ....

3 أُعَبِّرُ عَنْ كُلِّ صُورَةٍ بِجُمْلَةٍ فِيهَا حَرْفُ جَرٍّ وَأُشَكِّلُ:

- ....

- ....

رَسْمٌ

1 أَقْرَأُ ثُمَّ أَضَعُ فِي دَائِرَةٍ الِاسْمَ الْمُتَكَوِّنَ مِنْ ثَلَاثَةِ أَحْرُفٍ:

قَضَيْتُ - وَقْتُ - مَحَطَّةٌ - حُوتٌ

رَكِبَتْ - أَمْتِعَةٌ - صَوْتُ - حَافِلَاتٌ

كَيْفَ كَتَبْنَا التَّاءَ فِي آخِرِ هَذِهِ الْأَسْمَاءِ؟

2 أَسْتَمِعُ ثُمَّ أُكْمِلُ بِـ : ـة أَوْ ت

تَحْ .	سَنَ .	نَبْتَ .	قُو .
مَوْ .	رِئَ .	لِفْ .	تُو .

3 مَنْ أَنَا ؟ اِسْمِي يَتَرَكَّبُ مِنْ ثَلَاثَةِ أَحْرُفٍ آخِرُهُ تَاءٌ:

يَسْكُنُنِي النَّاسُ: ← ....

أَنَا يَوْمٌ مِنْ أَيَّامِ الْأُسْبُوعِ: ← ....

أَنَا عَصِيرُ الزَّيْتُونِ: ← ....

إِمْلَاءٌ

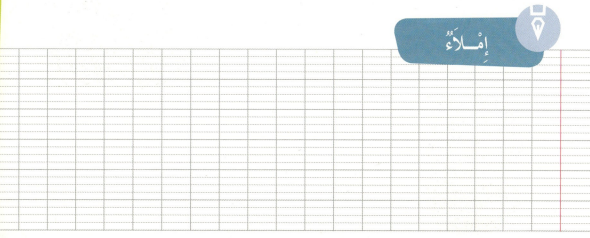

تَعْبِيرٌ

1 أَتَأَمَّلُ الصُّوَرَ وَأُعَبِّرُ كَمَا فِي الْمِثَالِ:

◀ كَانَتِ الْمَحَطَّةُ مُكْتَظَّةً بِالْمُسَافِرِينَ.

◀ كَانَ / كَانَتْ ....   ◀ كَانَ / كَانَتْ ....   ◀ كَانَ / كَانَتْ ....

2 أَكْتُبُ الْكَلِمَاتِ التَّالِيَةَ فِي مَكَانِهَا الْمُنَاسِبِ لِأَحْصُلَ عَلَى فِقْرَةٍ:

انْفَلَقَتْ ـ أَصْلَحَ ـ حَتَّى ـ كَانَتْ ـ كَانَ ـ السَّيَّارَةِ ـ جَمِيلاً ـ الشَّمْسِ

◀ خَرَجْنَا لِلنُّزْهَةِ فِي .... وَكَانَ الْيَوْمُ .... وَ .... أَشِعَّةُ .... دَافِئَةً. بَيْنَمَا .... السَّيَّارَةُ مُسْرِعَةً، .... عَجَلَتُهَا. .... أَبِي سَائِقًا مَاهِرًا. أَوْقَفَ السَّيَّارَةَ بِهُدُوءٍ، ثُمَّ .... عَجَلَتَهَا بِسُرْعَةٍ وَإِتْقَانٍ.

رِسَالَةٌ مِنْ مِصْرَ

أَقْرَأُ وَأَفْهَمُ

زَارَ سَامِي مِصْرَ فِي رِحْلَةٍ مَعَ أَصْدِقَائِهِ. وَمِنْ هُنَاكَ، كَتَبَ رِسَالَةً إِلَى أُمِّهِ ...

أُمِّي الْعَزِيزَةَ، تَحِيَّةً عَطِرَةً، وَبَعْدُ،

أَكْتُبُ إِلَيْكِ بَعْدَ أُسْبُوعٍ مِنْ وُصُولِنَا إِلَى مِصْرَ... الطَّقْسُ حَارٌّ هُنَا... نَسْكُنُ فِي فُنْدُقٍ جَمِيلٍ عَلَى ضِفَّةِ نَهْرِ النِّيلِ... إِنَّهُ نَهْرٌ عَظِيمٌ، يُحِبُّهُ أَهْلُ مِصْرَ كَثِيرًا. فَهُوَ مَصْدَرُ عَيْشِهِمْ وَسَعَادَتِهِمْ... يُحْيِي أَرْضَهُمْ بِمَائِهِ الْغَزِيرِ... وَقَدْ تَجَوَّلْنَا فِيهِ مُنْذُ يَوْمَيْنِ عَلَى مَرْكَبٍ شِرَاعِيٍّ،

فَكَانَتِ الْجَوْلَةُ مُمْتِعَةً جِدًّا.

زُرْنَا الْجَامِعَ الْأَزْهَرَ فِي مَدِينَةِ الْقَاهِرَةِ. وَهُوَ مَسْجِدٌ فَسِيحٌ، وَنَظِيفٌ، وَمُزَخْرَفٌ... لَهُ مَآذِنُ جَمِيلَةٌ، وَفِيهِ أَعْمِدَةٌ كَثِيرَةٌ... يَأْتِيهِ النَّاسُ مِنْ كُلِّ مَكَانٍ لِطَلَبِ الْعِلْمِ.

بِالْأَمْسِ، رَكِبْنَا الْجِمَالَ ، وَتَجَوَّلْنَا عِنْدَ الْأَهْرَامِ. إِنَّهَا بِنَايَاتٌ عَالِيَةٌ عَجِيبَةٌ، بَنَاهَا الْفَرَاعِنَةُ. وَقَدْ أَعْلَمَنَا مُرَافِقُنَا أَنَّنَا سَنَزُورُ غَدًا أَحَدَ أَرْيَافِ مِصْرَ، وَسَنَقْضِي يَوْمًا مَعَ الْفَلَّاحِينَ.

لَقَدِ ٱشْتَرَيْتُ لَكُمْ هَدَايَا كَثِيرَةً... إِلَى لِقَاءٍ قَرِيبٍ إِنْ شَاءَ اللَّهُ...دُمْتِ بِخَيْرٍ...وَالسَّلَامُ.

ابْنُكِ سَامِي

ـ المؤلّفون ـ

أَفْهَمُ مَعَانِيَ الْكَلِمَاتِ

- **ضِفَّةُ النَّهْرِ:** جَانِبُ النَّهْرِ ـ شَاطِئُ النَّهْرِ
  - وَقَفَ بِلَالٌ وَأَبُوهُ عَلَى **ضِفَّةِ النَّهْرِ** يَصْطَادَانِ سَمَكًا.

- **غَزِيرٌ:** كَثِيرٌ
  - نَزَلَ الْمَطَرُ **غَزِيرًا**.
- **فَسِيحٌ :** وَاسِعٌ
  - يَسْكُنُ خَالِي بَيْتًا **فَسِيحًا**.

- **مُزَخْرَفٌ:** مُزَيَّنٌ
  - اِشْتَرَى أَبِي زَرْبِيَّةً **مُزَخْرَفَةً**.

أُجِيبُ عَنِ الْأَسْئِلَةِ

- أَيْنَ يَسْكُنُ سامِي وَرِفَاقُهُ؟
- أُذْكُرِ الْأَمَاكِنَ الَّتِي زَارَهَا سَامِي وَرِفَاقُهُ فِي مِصْرَ.
- مَا ٱسْمُ النَّهْرِ الَّذِي يَجْرِي فِي مِصْرَ؟ لِمَاذَا يُحِبُّهُ أَهْلُهَا؟

أُعَبِّرُ كَمَا فِي الْمِثَالِ

- فِي السُّدِّ مَاءٌ غَزِيرٌ.
- نَسْكُنُ فِي فُنْدُقٍ جَمِيلٍ.
- هُوَ مَسْجِدٌ فَسِيحٌ وَ مُزَخْرَفٌ.

تَعْبِيرٌ أَحْفَظُهُ

النِّيلُ نَهْرٌ عَظِيمٌ ، يُحِبُّهُ أَهْلُ مِصْرَ كَثِيرًا.

أَسْتَفِيدُ مِنَ النَّصِّ

- أَتَعَرَّفُ عَلَى وَطَنِي الْكَبِيرِ.
- لاَ أَنْسَى أَهْلِي إِذَا كُنْتُ مُسَافِرًا.

تَدْرِيبَاتٌ

1 أَقْرَأُ ثُمَّ أَكْتُبُ نَعَمْ أَوْ لاَ

- كَتَبَ سَامِي إِلَى أُمِّهِ رِسَالَةً مِنْ مِصْرَ. ....
- هَتَفَ سَامِي إِلَى أُمِّهِ مِنَ الْمَطَارِ. ....
- "النِّيلُ" هُوَ الْفُنْدُقُ الَّذِي يَسْكُنُ فِيهِ سَامِي. ....
- سَافَرَ سَامِي إِلَى مِصْرَ مَعَ أَصْدِقَائِهِ. ....

2 أَقْرَأُ النَّصَّ وَأُكْمِلُ بِمَا يُنَاسِبُ

- .... هُوَ مَسْجِدٌ فِي مَدِينَةِ الْقَاهِرَةِ.
- .... عَلَى ضِفَّةِ نَهْرِ النِّيلِ.
- .... هِيَ بِنَايَاتٌ عَالِيَةٌ بَنَاهَا الْفَرَاعِنَةُ.
- .... هُوَ نَهْرٌ عَظِيمٌ يُحِبُّهُ أَهْلُ مِصْرَ.

3 أَكْتُبُ جُمْلَةً مِنَ النَّصِّ تَدُلُّ عَلَى أَنَّ سَامِي فَكَّرَ فِي أَهْلِهِ وَهُوَ فِي مِصْرَ

- ....
....

تَدْرِيبَـاتٌ

تَصْرِيفٌ

الْأَمْـرُ وَالنَّـهْيُ

1 أُسْنِدُ الْأَفْعَالَ إِلَى الْاسْمِ الْمَذْكُورِ:

- يَـا سَامِـي خُـذْ قَلَمًـا وَ اكْتُبْ رِسَالَةً إِلَى أُمِّكَ.
- يَـا سَلْمَى .... قَلَمًـا وَ .... رِسَالَةً إِلَى أُمِّكِ.
- يَـا سَامِـي وَيَا عَلِيُّ .... قَلَمًـا وَ .... رِسَالَةً إِلَـى أُمِّكُمَا.
- يَـا أَصْدِقَائِـي .... قَلَمًـا وَ .... رِسَالَةً إِلَى أُمِّكُمْ.
- يَـا صَدِيقَاتِـي .... قَلَمًـا وَ .... رِسَالَةً إِلَـى أُمِّكُنَّ.

2 أُكْمِلُ التَّصْرِيفَ:

- يَـا بُنَيَّ لَا تَعْبَثْ بِـأَثَاثِ الْبَيْتِ!
- يَـا ابْنَتِي لَا .... بِـأَثَاثِ الْبَيْتِ!
- يَـا وَلَدَيَّ لَا .... بِـأَثَاثِ الْبَيْتِ!
- يَـا أَبْنَـائِي لَا .... بِـأَثَاثِ الْبَيْتِ!
- يَـا بَنَـاتِي لَا .... بِـأَثَاثِ الْبَيْتِ!

3 أُعَبِّرُ عَنِ الصُّـورَةِ بِجُمْلَتَيْنِ فِيهِمَـا:

- أَمْـرٌ :

....

- نَهْيٌ :

....

تَدْرِيبَاتٌ

رَسْمٌ

1 أَضَعُ الْأَسْمَاءَ التَّالِيَةَ فِي الْمَكَانِ الْمُنَاسِبِ مِنَ الْجَدْوَلِ :

مَدِينَةٌ - فُنْدُقٌ - رِحْلَةٌ - مَسْجِدٌ

رِسَالَةٌ - هَدِيَّةٌ - نَهْرٌ - مَرْكَبٌ

كَيْفَ كَتَبْنَا التَّاءَ فِي آخِرِ الْاِسْمِ الْمُؤَنَّثِ ؟

2 أُحَوِّلُ مِنَ الْمُذَكَّرِ إِلَى الْمُؤَنَّثِ كَمَا فِي الْمِثَالِ :

مُعَلِّمٌ	طَبِيبٌ	مُمَرِّضٌ	سَائِقٌ	عَالِمٌ
مُعَلِّمَةٌ	....	....	....	....

3 مَنْ أَنَا ؟ اِسْمِي مُؤَنَّثٌ وَأَنْقُلُ الرُّكَّابَ :

- أَطِيرُ فِي الْجَوِّ : ← ....
- أَسِيرُ فِي الطَّرِيقِ : ← ....
- أَجْرِي فَوْقَ الْمَاءِ : ← ....

إِمْلَاءٌ

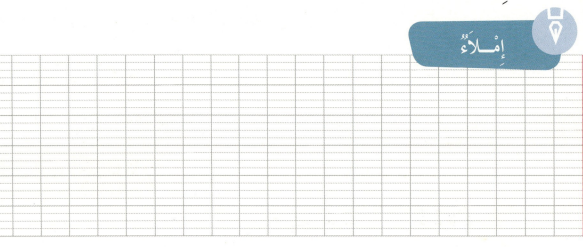

تَعْبِيرٌ

1 أَتَأَمَّلُ الصُّوَرَ وَأُعَبِّرُ مُسْتَعْمِلاً صِفَاتٍ مُنَاسِبَةً كَمَا فِي الْمِثَالِ:

- نَسْكُنُ فِي فُنْدُقٍ جَمِيلٍ.

- فِي الرَّبِيعِ .... الْأَشْجَارُ .... وَالشَّمْسُ ....
- لِلْمَسْجِدِ مِئْذَنَةٌ .... وَقُبَّةٌ ....
- عَلَى الشَّاطِئِ .... نَاسٌ ....

2 أُكْمِلُ الرِّسَالَةَ الْآتِيَةَ بِأَوْصَافٍ مُنَاسِبَةٍ:

أُمِّي الْـ........،

تَحِيَّةً ....،

أَنَا الْآنَ فِي مِصْرَ ، أَعْجَبَنِي طَقْسُهَا الْـ ....

أَسْكُنُ فِي فُنْدُقٍ ....

تَجَوَّلْتُ مَعَ أَصْحَابِي ....

اِشْتَرَيْتُ لَكُمْ هَدَايَا ....

دُمْتِ بِخَيْرٍ........ وَالسَّلَامُ.

وَطَنِي

إِنْ كُنْتَ فِي سَفَرٍ	يَا أَيُّهَا الْقَمَرُ
سَلِّمْ عَلَى وَطَنِي	حُيِّيتَ يَا قَمَرُ
أَرْضِي هُنَا وَأَنَا	وَالْأَهْلُ وَالْإِخْوَهْ
فِي كُلِّ مُنْعَطَفٍ	لِي قِصَّةٌ حُلْوَهْ
هَذِي الْبِلَادُ لَنَا	نَهْوَى رَوَابِيهَا
أَمْجَادُ أُمَّتِنَا	مَرْسُومَةٌ فِيهَا
اللَّهُ أَبْدَعَهَا	بِالرُّوحِ نَفْدِيهَا

أُنْشُودَةٌ

أَفْهَمُ مَعَانِي الْكَلِمَاتِ

- **مُنْعَطَفُ:** مَكَانٌ يَتَغَيَّرُ فِيهِ اتِّجَاهُ الطَّرِيقِ - مُنْعَرَجُ
  - وَجَدْتُ فَقِيرًا فِي مُنْعَطَفِ الشَّارِعِ فَسَاعَدْتُهُ.
- **نَهْوَى:** نُحِبُّ كَثِيرًا - نَعْشَقُ
  - يَهْوَى بِلَالٌ السِّبَاحَةَ وَرُكُوبَ الْخَيْلِ.
- **رَوَابِيهَا:** جَمْعٌ مُفْرَدُهُ رَبْوَةٌ: مُرْتَفَعٌ قَلِيلٌ مِنَ الْأَرْضِ
  - قَدِمَ الشِّتَاءُ، فَغَطَّتِ الثُّلُوجُ الرَّوَابِيَ.

أُجِيبُ عَنِ السُّؤَالِ

- مَاذَا يُحِبُّ الْإِنْسَانُ فِي وَطَنِهِ؟

أُعَبِّرُ كَمَا فِي الْمِثَالِ

- فِي كُلِّ مُنْعَطَفٍ، لِي قِصَّةٌ حُلْوَةٌ.
- فِي كُلِّ قَرْيَةٍ، لَكَ أَصْدِقَاءُ تُحِبُّهُمْ.
- فِي كُلِّ كِتَابٍ، لَنَا مَعَارِفُ جَدِيدَةٌ.

أَسْتَفِيدُ مِنَ الْقَصِيدَةِ

- أُحِبُّ وَطَنِي، وَأَفْتَخِرُ بِأَمْجَادِهِ، وَأُضَحِّي مِنْ أَجْلِهِ.
- حُبُّ الْوَطَنِ مِنَ الْإِيمَانِ.

تَـمَارِينُ الْإِمْلاَءِ

الصفحة	الدرس	الحرف / الصيغة
13	لُغَتِي الْجَمِيلَةُ	(الرّسم : ش / ج)

وَجَدَ هِشَامٌ مَدْرَسَتَهُ الْجَدِيدَةَ جَمِيلَةً. لَقَدْ أَنْشَدَ مَعَ رِفَاقِهِ أُنْشُودَةً أَعْجَبَتْهُ.

20	لا بُدَّ أنْ نَتعاوَنَ!	(الرّسم : ق / ك)

كَانَتْ أُخْتِي رَفِيقَةُ تَمْسَحُ الْكَرَاسِيَ، ثُمَّ تَنْقُلُهَا إِلَى مَكَانٍ آخَرَ فِي قَاعَةِ الْجُلُوسِ. أَمَّا أَنَا فَكُنْتُ أُنَظِّفُ الْغُرَفَ بِمِكْنَسَةٍ كَهْرَبَائِيَّةٍ.

27	فَرْحَةُ الْعِيدِ	(الرّسم : ت / ط)

أَعَدَّتْ أُخْتِي فَاطِمَةُ الْغَدَاءَ، فَاجْتَمَعْنَا حَوْلَ الْمَائِدَةِ. أَكَلْنَا مَا لَذَّ وَطَابَ مِنَ الطَّعَامِ، ثُمَّ طُفْتُ .عَلَى الْحَاضِرِينَ بِطَبَقِ الْحَلَوِيَّاتِ.

36	شُكْرًا لَكُمَا !	(الرّسم : س / ص)

أَثْنَاءَ سَيْرِي إِلَى الْمَدْرَسَةِ، قَصَدْتُ جَارَنَا يُوسُفَ لِأُصَاحِبَهُ إِلَى عَمَلِهِ ... قَالَتْ لِي زَوْجَتُهُ: أَحْسَنْتَ يَا سَامِي لَقَدْ رَافَقَهُ الْيَوْمَ صَدِيقُكَ صَابِرٌ.

43	الْأَمِيرُ الْمُتَوَاضِعُ	(الرّسم : ح / هـ)

عَادَ عُمَرُ حَاكِمُ الْمُسْلِمِينَ إِلَى الْمَرْأَةِ يَحْمِلُ عَلَى ظَهْرِهِ دَقِيقًا. لَمَّا فَهِمَتْ أُمُّ الصِّبْيَةِ أَنَّ الرَّجُلَ الَّذِي أَمَامَهَا هُوَ عُمَرُ دَعَتْ لَهُ بِخَيْرٍ.

50	عِنْدَ الْحَلاَّقِ	(الرّسم : ف / ث)

كَانَ الدُّكَّانُ نَظِيفًا. ثُبِّتَتْ عَلَى جُدْرَانِهِ مَرَايَا كَثِيرَةٌ ... جَلَسْتُ عَلَى كُرْسِيٍّ، فَأَلْبَسَنِي الْحَلاَّقُ مِيدَعَةً تَحْفَظُ ثِيَابِي مِنَ الشَّعْرِ الْمُتَنَاثِرِ، وَشَرَعَ يَحْلِقُ وَيُحَادِثُنِي.

59	الْحَرِيقُ	(الرّسم : المدّ مع الحركات الثّلاث)

كَانَتِ النِّيرَانُ تُحَاصِرُ نَوَاحِيَ الْبَيْتِ. جَهَّزَ رِجَالُ الْمَطَافِئِ خَرَاطِيمَ الْمِيَاهِ فَوْرَ وُصُولِهِمْ وَوَجَّهُوهَا نَحْوَ أَلْسِنَةِ اللَّهَبِ.

66	خَيْبَةُ صَيَّادٍ	(الرّسم : المدّ بالألف الممالة)

اِشْتَرَى مُصْطَفَى أَرْنَبًا، وَرَبَطَهُ إِلَى شَجَرَةٍ. صَوَّبَ نَحْوَهُ الْبُنْدُقِيَّةَ وَرَمَى. أَصَابَتِ الطَّلْقَةُ الْحَبْلَ، فَأَفْلَتَ الْأَرْنَبُ، وَاخْتَفَى فِي الْغَابَةِ.

الصفحة	الدرس	الحرف / الصيغة
73	الْفَارِسُ الصَّغِيرُ	(الرّسم : تنوين الضّمّ والكسر)

يُحِبُّ بِلَالٌ رُكُوبَ الْخَيْلِ كَثِيرًا. فِي بَيْتِهِ صُوَرٌ جَمِيلَةٌ لِخُيُولٍ عَدِيدَةٍ. لَهُ مُدَرِّبٌ مَاهِرٌ يُعَلِّمُهُ الْفُرُوسِيَّةَ. وَلَهُ حِصَانٌ يَقُومُ بِحَرَكَاتٍ تُعْجِبُ الْحَاضِرِينَ.

82	الْحَمَامَةُ الْمُطَوَّقَةُ (1)	(الرّسم : تنوين الفتح)

نَصَبَ صَيَّادٌ شَبَكَةً تَحْتَ شَجَرَةٍ، وَنَثَرَ عَلَيْهَا حَبًّا كَثِيرًا ثُمَّ اخْتَفَى. وَبَعْدَ لَحَظَاتٍ رَأَى حَمَامَةً وَبَعْضًا مِنْ صَاحِبَاتِهَا يَقَعْنَ فِي الشَّبَكَةِ.

89	الْحَمَامَةُ الْمُطَوَّقَةُ (2)	(الرّسم : التّضعيف " الشّدّة ")

قَرَّرَ الْغُرَابُ أَنْ يَعْرِفَ كَيْفَ سَتَتَخَلَّصُ الْمُطَوَّقَةُ وَمَنْ مَعَهَا مِنَ الشَّبَكَةِ. إِنَّهُ يُرِيدُ أَنْ يَتَعَلَّمَ مِنْهَا دَرْسًا يَنْفَعُهُ. فَظَلَّ يَتْبَعُهَا.

96	غَرَسُوا فَأَكَلْنَا ...	(الرّسم : الحروف القمريّة)

شَرَعَ الأَطْفَالُ يَعْمَلُونَ فِي الْحَدِيقَةِ. هَذَا أَحْمَدُ يُثَبِّتُ الْفَسِيلَةَ فِي الأَرْضِ ، وَتِلْكَ لَيْلَى تَسْقِي الأَشْجَارَ. أَمَّا أَيْمَنُ فَكَانَ يُعِدُّ الْحُفَرَ لِغِرَاسَةِ أَشْجَارٍ أُخْرَى.

105	الرَّسْمُ الْجَمِيلُ	(الرّسم : الحروف الشّمسيّة)

تَكُونُ الطَّبِيعَةُ فِي الرَّبِيعِ جَمِيلَةً: السَّمَاءُ صَافِيَةٌ، وَأَشِعَّةُ الشَّمْسِ دَافِئَةٌ، وَالطَّقْسُ لَطِيفٌ وَالزُّهُورُ تُغَطِّي الأَرْضَ وَتَمْلأُ الْجَوَّ عِطْرًا.

112	جُحَا وَالْحِمَارُ	(الرّسم : تاء الفعل)

قَالَ اللِّصُّ: كُنْتُ لاَ أُطِيعُ أُمِّي. فَدَعَتِ اللَّهَ أَنْ يَجْعَلَنِي حِمَارًا. أَمَّا الآنَ فَقَدْ رَضِيَتْ عَنِّي فَصِرْتُ إِنْسَانًا. قَالَ جُحَا: عُدْ إِلَى أُمِّكَ. وَحَذَارِ أَنْ تُغْضِبَهَا مَرَّةً أُخْرَى!

119	رِحْلَةٌ فِي الْقِطَارِ	(الرّسم : " التّاء " المفتوحة في الاسم الثّلاثيّ السّاكن الوسط)

كُنْتُ يَوْمَ السَّبْتِ فِي الْقِطَارِ عَائِدًا إِلَى الْبَيْتِ. جَلَسَتْ بِجَانِبِي بِنْتٌ صَغِيرَةٌ. أَخْفَتْ دُمْيَتَهَا تَحْتَ الْمَقْعَدِ، ثُمَّ قَالَتْ لِي بِصَوْتٍ لَطِيفٍ وَهْيَ تُمَازِحُنِي: أَيْنَ دُمْيَتِي؟

123	رِسَالَةٌ مِنْ مِصْرَ	(الرّسم : " التّاء " في آخر الاسم المؤنّث)

زُرْتُ مِصْرَ . لَقَدْ أَعْجَبَتْنِي مَدِينَةُ الْقَاهِرَةِ بِأَحْيَائِهَا الْقَدِيمَةِ، وَمَسَاجِدِهَا الْفَسِيحَةِ النَّظِيفَةِ لَمْ أَنْسَ أَنْ أَشْتَرِيَ لأُمِّي هَدِيَّةً جَمِيلَةً.

نَحْوٌ

النَّصُّ : دَعِيهِ يَلْعَبْ !

الْجُمْلَةُ التَّامَّةُ وَالْجُمْلَةُ النَّاقِصَةُ

- الْجُمْلَةُ : هِيَ قَوْلٌ يَتَكَوَّنُ مِنْ كَلِمَتَيْنِ فَأكْثَر، وَيُفِيدُ مَعْنًى وَتَكُونُ الْجُمْلَةُ :

نَاقِصَةً : الْمَعْنَى فِيهَا نَاقِصُ الْفَائِدَةِ	تَامَّةً : الْمَعْنَى فِيهَا تَامُّ الْفَائِدَةِ
زَارَتْ زَيْنَبُ ...	زَارَتْ زَيْنَبُ صَدِيقَتَهَا
الْبِنْتُ أَكْمَلَتْ ...	الْبِنْتُ أَكْمَلَتْ كَلامَهَا
	سُعَادُ فَرِحَةٌ
	رَنَّ الْجَرَسُ

تَصْرِيفٌ

عُنْوَانُ الدَّرْسِ : لا بُدَّ أَنْ نَتَعَاوَنَ !

الْفِعْلُ الْمَاضِي مُثْبَتًا وَمَنْفِيًّا مَعَ الْمُتَكَلِّمِ : أَنَا - نَحْنُ

- . الْفِعْلُ الْمَاضِي : هُوَ كُلُّ فِعْلٍ وَقَعَ فِي زَمَنٍ مَضَى وَفَاتَ
مِثْلُ : بَدَأَ - شَرَعَ - ظَهَرَ
- لِلْمُتَكَلِّمِ ضَمِيرَانِ : 1 – أَنَا ← مَعَ الْمُفْرَدِ.
2 – نَحْنُ ← مَعَ الْمُثَنَّى وَمَعَ الْجَمْعِ.

الْفِعْلُ الْمَاضِي : مُثْبَتًا (+)	الْفِعْلُ الْمَاضِي : مَنْفِيًّا (–)
أَنَا فَتَحْتُ الْبَابَ.	أَنَا مَا فَتَحْتُ النَّافِذَةَ.
نَحْنُ فَتَحْنَا الأَبْوَابَ.	نَحْنُ مَا فَتَحْنَا النَّوَافِذَ.

نَحْوٌ

عُنْوَانُ الدَّرْسِ: فَرْحَةُ الْعِيدِ

أَقْسَامُ الْكَلِمَةِ

- الْكَلِمَةُ ثَلَاثَةُ أَقْسَامٍ:

1- اِسْمٌ ← مُحَمَّدٌ ـ عِيدٌ ـ أَبِي ـ حَدِيقَةٌ ـ حِصَانٌ ـ بُرْتُقَالٌ
2- فِعْلٌ ← نُوَدِّعُ ـ رَافَقْتُ ـ تَبَادَلْنَا ـ اِنْهَمَكَتْ ـ جَلَسَ
3- حَرْفٌ ← وَ ـ بِـ ـ ثُمَّ ـ إِلَى ـ مِنْ ـ حَتَّى

- أَقْبَلَ الْعِيدُ.   الضُّيُوفُ كَثِيرُونَ.
  فِعْلٌ   اِسْمٌ   اِسْمٌ   اِسْمٌ

- فِي الطَّبَقِ حَلْوِيَّاتٌ.   رَافَقْتُ أَبِي إِلَى الْمَسْجِدِ.
  حَرْفٌ اِسْمٌ   اِسْمٌ   فِعْلٌ اِسْمٌ حَرْفٌ اِسْمٌ

تَصْرِيفٌ

عُنْوَانُ الدَّرْسِ: شُكْرًا لَكُمَا!

الْفِعْلُ الْمَاضِي مُثْبَتًا وَمَنْفِيًّا مَعَ: هُوَ وَهِيَ

- هُوَ وَهِيَ: مِنْ ضَمَائِرِ الْغِيَابِ

	الْفِعْلُ الْمَاضِي: مُثْبَتًا (+)	الْفِعْلُ الْمَاضِي: مَنْفِيًّا (−)
الْوَلَدُ	هُوَ طَرَقَ بَابَ الدَّارِ.	هُوَ مَا طَرَقَ بَابَ الدَّارِ.
الْبِنْتُ	هِيَ طَرَقَتْ بَابَ الْقِسْمِ.	هِيَ مَا طَرَقَتْ بَابَ الْقِسْمِ.
سُعَادُ	هِيَ طَرَقَتِ الْبَابَ.	هِيَ مَا طَرَقَتِ الْبَابَ.

نَحْوٌ

عُنْوَانُ الدَّرْسِ : الْأَمِيرُ الْمُتَوَاضِعُ

الْمُذَكَّرُ وَالْمُؤَنَّثُ

- يَكُونُ الْاسْمُ مُذَكَّرًا أَوْ مُؤَنَّثًا :

1– الْمُذَكَّرُ مَا نُشِيرُ إِلَيْهِ بِـ " هَذَا " : حَاكِمٌ - عَسَلٌ - عُمَرُ - طَعَامٌ - عُصْفُورٌ ...

2 – الْمُؤَنَّثُ مَا نُشِيرُ إِلَيْهِ بِـ "هَذِهِ" : لَيْلَةٌ - نَارٌ - الْمَرْأَةُ - سُعَادُ - نَاقَةٌ ...

مُذَكَّرٌ	مُؤَنَّثٌ
مُسْلِمٌ	مُسْلِمَةٌ
رَحِيمٌ	رَحِيمَةٌ
طَبِيبٌ	طَبِيبَةٌ
صَغِيرٌ	صَغِيرَةٌ

مُذَكَّرٌ	مُؤَنَّثٌ
وَلَدٌ	بِنْتٌ
دِيكٌ	دَجَاجَةٌ
جَمَلٌ	نَاقَةٌ
رَجُلٌ	اِمْرَأَةٌ

التَّاءُ الْمَرْبُوطَةُ فِي آخِرِ الْاسْمِ تَدُلُّ غَالِبًا عَلَى الْمُؤَنَّثِ.

تَصْرِيفٌ

عُنْوَانُ الدَّرْسِ : عِنْدَ الْحَلَّاقِ

الْفِعْلُ الْمَاضِي مُثْبَتًا وَمَنْفِيًّا مَعَ : هُمَا - هُمَا - هُمْ - هُنَّ

- هُمَا (لِلْمُذَكَّرِ) - هُمَا (لِلْمُؤَنَّثِ) - هُمْ - هُنَّ : مِنْ ضَمَائِرِ الْغِيَابِ

	الْفِعْلُ الْمَاضِي : مُثْبَتًا (+)	الْفِعْلُ الْمَاضِي : مَنْفِيًّا (–)
الْوَلَدَانِ	هُمَا فَرَغَا مِنَ الْحِلَاقَةِ	هُمَا مَا فَرَغَا مِنَ الْحَدِيثِ.
الْبِنْتَانِ	هُمَا فَرَغَتَا مِنَ الْحَدِيثِ	هُمَا مَا فَرَغَتَا مِنَ الدَّرْسِ .
الْأَوْلَادُ	هُمْ فَرَغُوا مِنَ الأَكْلِ	هُمْ مَا فَرَغُوا مِنَ الصَّلَاةِ .
الْبَنَاتُ	هُنَّ فَرَغْنَ مِنَ الصَّلَاةِ	هُنَّ مَا فَرَغْنَ مِنَ الدُّعَاءِ .

نَحْوٌ

عُنْوَانُ الدَّرْسِ: الْحَرِيقُ
الْمُفْرَدُ وَالْمُثَنَّى وَالْجَمْعُ

- الِاسْمُ مِنْ حَيْثُ عَدَدِهِ.

مُفْرَدٌ	مُثَنَّى	جَمْعٌ
مَا دَلَّ عَلَى وَاحِدٍ	مَا دَلَّ عَلَى اثْنَيْنِ	مَا دَلَّ عَلَى ثَلَاثَةٍ فَأَكْثَرَ
بَيْتٌ	بَيْتَانِ	بُيُوتٌ
لَحْظَةٌ	لَحْظَتَانِ	لَحَظَاتٌ
مُسْلِمٌ	مُسْلِمَانِ	مُسْلِمُونَ
وَلَدٌ	وَلَدَانِ	أَوْلَادٌ
سَالِمَةٌ	سَالِمَتَانِ	سَالِمَاتٌ
اِمْرَأَةٌ	اِمْرَأَتَانِ	نِسَاءٌ

تَصْرِيفٌ

عُنْوَانُ الدَّرْسِ: خَيْبَةُ صَيَّادٍ

الْفِعْلُ الْمَاضِي مُثْبَتًا وَمَنْفِيًّا مَعَ ضَمَائِرِ الْخِطَابِ

- ضَمَائِرُ الْخِطَابِ هِيَ: أَنْتَ ـ أَنْتِ ـ أَنْتُمَا ـ أَنْتُمْ ـ أَنْتُنَّ

	الْفِعْلُ الْمَاضِي: مُثْبَتًا (+)	الْفِعْلُ الْمَاضِي: مَنْفِيًّا (−)
يَا وَلَدُ	أَنْتَ حَمَلْتَ الْبُنْدُقِيَّةَ.	أَنْتَ مَا حَمَلْتَ جِرَابًا.
يَا بِنْتُ	أَنْتِ حَمَلْتِ الْقَفَصَ.	أَنْتِ مَا حَمَلْتِ حُبُوبًا.
يَا وَلَدَانِ / يَا بِنْتَانِ	أَنْتُمَا حَمَلْتُمَا الشَّبَكَةَ.	أَنْتُمَا مَا حَمَلْتُمَا حَبْلًا.
يَا أَوْلَادُ	أَنْتُمْ حَمَلْتُمْ فَخًّا.	أَنْتُمْ مَا حَمَلْتُمْ الْعَصَا.
يَا بَنَاتُ	أَنْتُنَّ حَمَلْتُنَّ حَطَبًا.	أَنْتُنَّ مَا حَمَلْتُنَّ شَيْئًا.

نَحْوٌ

عُنْوَانُ الدَّرْسِ : الْفَارِسُ الصَّغِيرُ

الْجُمْلَةُ الْفِعْلِيَّةُ : فِعْلٌ وَفَاعِلٌ

- الْجُمْلَةُ الْفِعْلِيَّةُ: هِيَ الَّتِي تَبْدَأُ بِفِعْلٍ، وَتَتَكَوَّنُ مِنْ فِعْلٍ وَ فَاعِلٍ.
- الْفِعْلُ: كَلِمَةٌ تَدُلُّ عَلَى حَدَثٍ وَقَعَ فِي زَمَنٍ مَا.
- الْفَاعِلُ: اِسْمٌ يَأْتِي دَائِمًا بَعْدَ الْفِعْلِ، وَيَدُلُّ عَلَى الَّذِي فَعَلَ الْفِعْلَ.

مِثَالٌ 1

فِعْلٌ	فَاعِلٌ
يَتَصَاعَدُ	الدُّخَانُ
قَدِمَ	الْجِيرَانُ
اِنْطَفَأَتِ	النَّارُ

مِثَالٌ 2

فِعْلٌ	فَاعِلٌ
أَقْبَلَتْ	سَيَّارَةُ الإِطْفَاءِ
يَصِيحُ	الطِّفْلُ الْخَائِفُ
اِنْصَرَفَ	رِجَالُ الْمَطَافِئِ

يَكُونُ الْفَاعِلُ دَائِمًا مَرْفُوعًا.

تَصْرِيفٌ

عُنْوَانُ الدَّرْسِ: الْحَمَامَةُ الْمُطَوَّقَةُ (1)

الْفِعْلُ الْمُضَارِعُ الْمَرْفُوعُ مَعَ: أَنَا - نَحْنُ - أَنْتَ - هُوَ - هِيَ.

- الْفِعْلُ الْمُضَارِعُ: هُوَ كُلُّ فِعْلٍ يَقَعُ فِي الْحَاضِرِ ، أَوْ الْمُسْتَقْبَلِ:
  مِثْلُ: يَسْكُنُ - أَنْظُرُ - نَتَعَاوَنُ.
- يَبْدَأُ دَائمًا بِأَحَدِ الْحُرُوفِ: أَ / أُ - تَ / تُ - يَ / يُ - نَ / نُ
- يَقْبَلُ "سَ" وَ "سَوْفَ" فِي أَوَّلِهِ فَيَدُلُّ عَلَى الْمُسْتَقْبَلِ: سَأَنْظُرُ - سَوْفَ نَفْرَحُ

- أَنَا أَسْكُنُ بَعِيدًا.
- نَحْنُ نَسْكُنُ فِي الْمَدِينَةِ.
- أَنْتَ تَسْكُنُ بَيْتًا جَمِيلاً.
- هِيَ تَسْكُنُ مَعَ جَدَّتِهَا.
- هُوَ يَسْكُنُ قُرْبَ الْجَامِعِ.

- أَنَا أُنَظِّفُ الْغُرْفَةَ.
- نَحْنُ نُنَظِّفُ الْبَيْتَ.
- أَنْتَ تُنَظِّفُ الْحَدِيقَةَ.
- هِيَ تُنَظِّفُ الصُّحُونَ.
- هُوَ يُنَظِّفُ الْمَائِدَةَ.

نَحْوٌ

عُنْوَانُ الدَّرْسِ: الْحَمَامَةُ الْمُطَوَّقَةُ (2)

الْجُمْلَةُ الْفِعْلِيَّةُ: فِعْلٌ وَفَاعِلٌ وَمَفْعُولٌ بِهِ

- تتكَوَّنُ الْجُمْلَةُ الْفِعْلِيَّةُ أَيْضًا مِنْ: فِعْلٍ وَفَاعِلٍ وَمَفْعُولٍ بِهِ.
- الْمَفْعُولُ بِهِ: › اِسْمٌ يَدُلُّ عَلَى الَّذِي وَقَعَ عَلَيْهِ فِعْلُ الْفَاعِلِ.
  › وَيُكَمِّلُ الْمَعْنَى فِي جُمْلَةٍ نَاقِصَةٍ.

فِعْلٌ	فَاعِلٌ	مَفْعُولٌ بِهِ
يَتْبَعُ	الْغُرَابُ	الْحَمَامَةَ.
يَتَعَلَّمُ	الْمُطَالِعُ	دُرُوسًا.
قَطَعَ	الْجُرَذُ	الشَّبَكَةَ.
خَلَّصَ	الصَّدِيقُ الْوَفِيُّ	الْمُطَوَّقَةَ.

يَكُونُ الْمَفْعُولُ بِهِ دَائِمًا مَنْصُوبًا.

تَصْرِيفٌ

عُنْوَانُ الدَّرْسِ : غَرَسُوا فَأَكَلْنَا

الْمُضَارِعُ الْمَرْفُوعُ مَعَ أَنْتِ - أَنْتُمَا - هُمَا - هُمَا - أَنْتُمْ - هُمْ

	أَكَلَ	حَضَرَ
أَنْتِ	› تَأْكُلِينَ خَوْخًا.	› تَحْضَرِينَ السَّمَادَ.
أَنْتُمَا	› تَأْكُلَانِ مِشْمِشًا.	› تُحَضِّرَانِ الْمَاءَ.
هُمَا (الْوَلَدَانِ)	› يَأْكُلَانِ تُوتًا.	› يُحَضِّرَانِ الْحُفَرَ.
هُمَا (الْبِنْتَانِ)	› تَأْكُلَانِ عِنَبًا.	› تُحَضِّرَانِ الشُّجَيْرَاتِ.
أَنْتُمْ	› تَأْكُلُونَ مَوْزًا.	› تُحَضِّرُونَ الْمَائِدَةَ.
هُمْ	› يَأْكُلُونَ زَيْتُونًا.	› يُحَضِّرُونَ الطَّعَامَ.

نَحْوٌ

عُنْوَانُ الدَّرْسِ : الرَّسْمُ الْجَمِيلُ

الْجُمْلَةُ الإِسْمِيَّةُ: الْمُبْتَدَأُ وَالْخَبَرُ

- الْجُمْلَةُ الاسْمِيَّةُ: هِيَ الَّتِي تَبْدَأُ بِاسْمٍ.
- تَتَكَوَّنُ مِنْ: مُبْتَدَإٍ وَ خَبَرٍ.
- الْمُبْتَدَأُ: اِسْمٌ تَبْدَأُ بِهِ الْجُمْلَةُ ← يَكُونُ دائِمًا مَرْفُوعًا.
- الْخَبَرُ: يَأْتِي غَالِبًا بَعْدَ الْمُبْتَدَإِ ← يُخْبِرُ عَنِ الْمُبْتَدَإِ.

مِثَالٌ 1

مُبْتَدَأٌ	خَبَرٌ
الطَّقْسُ	جَمِيلٌ.
الْمُعَلِّمَةُ	فِي الْقِسْمِ.
أَشِعَّةُ الشَّمْسِ	دَافِئَةٌ .
الزُّهُورُ	تُغَطِّي الأَرْضَ.

مِثَالٌ 2

مُبْتَدَأٌ	خَبَرٌ
الْوَلَدُ	يَرْسُمُ أَزْهَارًا.
الْبِنْتُ	تَرْسُمُ فَرَاشَةً.
الْأَوْلَادُ	يَرْسُمُونَ بَحْرًا.

يَتْبَعُ الْخَبَرُ غَالِبًا الْمُبْتَدَأَ وَيُوَافِقُهُ.

تَصْرِيفٌ

عُنْوَانُ الدَّرْسِ : جُحَا وَالْحِمَارُ

الْفِعْلُ الْمُضَارِعُ الْمَرْفُوعُ مَعَ: أَنْتُنَّ وَهُنَّ.

	حَمِدَ / يَحْمَدُ	حَمَلَ / يَحْمِلُ
يَا نِسَاءُ	أَنْتُنَّ تَحْمَدْنَ اللَّهَ	أَنْتُنَّ تَحْمِلْنَ أَطْفَالاً
النِّسَاءُ	هُنَّ يَحْمَدْنَ اللَّه	هُنَّ يَحْمِلْنَ أَطْفَالاً

	نَظَّفَ / يُنَظِّفُ	سَامَحَ / يُسَامِحُ
يَا بَنَاتُ	أَنْتُنَّ تُنَظِّفْنَ الْبَيْتَ	أَنْتُنَّ تُسَامِحْنَ اللِّصَّ
الْبَنَاتُ	هُنَّ يُنَظِّفْنَ الْحَدِيقَةَ	هُنَّ يُسَامِحْنَ الْوَلَدَ

نَحْوٌ

عُنْوَانُ الدَّرْسِ: رِحْلَةٌ فِي الْقِطَارِ

حُرُوفُ الْجَرِّ

- حُرُوفُ الْجَرِّ تَجُرُّ الْاسْمَ الَّذِي يَأْتِي بَعْدَهَا.
- نُسَمِّي الْاسْمَ الَّذِي جَرَّتْهُ: اسْمًا مَجْرُورًا.
- حُرُوفُ الْجَرِّ كَثِيرَةٌ مِنْهَا: مِنْ - إِلَى - عَنْ - عَلَى - فِي - بِـ - لِـ - كَـ...

أَمْثِلَةٌ:
- تَوَجَّهْتُ إِلَى الْمَحَطَّةِ.
- سَافَرَتِ الْعَائِلَةُ فِي الْقِطَارِ.
- تَوَقَّفَ الْقِطَارُ عَنِ السَّيْرِ.
- شَعَرَ الْمُسَافِرُونَ بِالْقَلَقِ.
- نَظَرْنَا مِنَ النَّافِذَةِ.
- انْطَلَقَ الْقِطَارُ كَالسَّهْمِ.
- وَضَعَ أَبِي الْأَمْتِعَةَ عَلَى النَّقَّالَةِ.
- اسْتَعَدَّ الرُّكَّابُ لِلنُّزُولِ.

تَوَقَّفَ الْقِطَارُ عَنِ السَّيْرِ.

عَنِ ← حَرْفُ جَرٍّ

السَّيْرِ ← اسْمٌ مَجْرُورٌ

تَصْرِيفٌ

عُنْوَانُ الدَّرْسِ: رِسَالَةٌ مِنْ مِصْرَ

الْأَمْرُ وَالنَّهْيُ

- الْأَمْرُ يَدُلُّ عَلَى طَلَبِ وُقُوعِ الْفِعْلِ: سَافِرْ.
- النَّهْيُ يَدُلُّ عَلَى طَلَبِ تَرْكِ الْفِعْلِ: لَا تُسَافِرْ.
- نَسْتَعْمِلُ الْأَمْرَ مَعَ ضَمَائِرِ الْخِطَابِ.

	الْأَمْرُ	النَّهْيُ
أَنْتَ، يَا أَحْمَدُ	اِذْهَبْ إِلَى الرِّيفِ.	لَا تَذْهَبْ إِلَى الرِّيفِ.
أَنْتِ، يَا سَلْمَى	اِذْهَبِي إِلَى الْفُنْدُقِ.	لَا تَذْهَبِي إِلَى الْفُنْدُقِ.
أَنْتُمَا، يَا أَحْمَدُ وَسَلْمَى	اِذْهَبَا إِلَى مِصْرَ.	لَا تَذْهَبَا إِلَى مِصْرَ.
أَنْتُمْ، يَا أَصْدِقَائِي	اِذْهَبُوا إِلَى الْأَهْرَامِ.	لَا تَذْهَبُوا إِلَى الْأَهْرَامِ.
أَنْتُنَّ، يَا بَنَاتُ	اِذْهَبْنَ إِلَى الْقَاهِرَةِ.	لَا تَذْهَبْنَ إِلَى الْقَاهِرَةِ.

الفهرس

الصفحة	المحور	عنوان الدّرس
8	الحياة المدرسيّة	لغتي الجميلةُ
15	أفراد الأسرة	لا بُدَّ أن نتعاون !
22	المناسبات والأعياد	فرحة العيد
29	محفوظات : يا معهدي	
31	الحياة الاجتماعيّة	شكرا لكما !
38	من سير الصالحين	الأمير المتواضع
45	الحرف والصّنائع	عند الحلّاق
52	محفوظات : أمي	
54	الحماية المدنيّة	الحريق
61	الصّيد والقنص	خيبة صيَّاد
68	الألعاب والرّياضة	الفارس الصَّغير
75	محفوظات : الشتاء	